障害教育福祉論
保育所・福祉関係施設編

今を豊かに生活する

監修
小出　進

編著
名古屋恒彦
・
髙倉誠一

大揚社

監修者序－教育的対応と福祉的対応の一体化

　本書の内容は、障害教育論であり、障害福祉論でもある。つまり、障害教育・福祉論である。

　知的障害教育等で一般化しつつある生活中心教育論を、保育所・通園施設、援護施設・作業所、特別養護老人ホームなどの生活に適用し、具体化しようという意味で、障害教育論である。生活を大切にする生活中心教育の立場から、保育所や上記福祉関係施設の生活のありようを示唆しようという意味で、障害福祉論である。

　養護学校等における生活中心教育の展開と、保育所や上記福祉関係施設への生活中心教育の適用とは、基本的には違いがないと考えている。それぞれの場における生活の進め方や支え方についても、原理的には共通する。障害教育と障害福祉の一体化をめざすという意味で、障害教育・福祉論である。

　私が、長いことかかわってきた、知的障害教育を中心とする障害教育関係団体・全日本特殊教育研究連盟の全国大会の主題は、前年度、「豊かに生きよう－今を、明日を、将来を」であった。

　一般に、学校教育では、この種の主題設定において、「力を育てる」「心をはぐくむ」などの文言を取り入れるのが通例である。「知識・技能の習得を図り」「力や心を育てる」ことを、教育の主たる目的とする考え方が当たり前になっているからである。

　この当たり前の考え方から脱して、「今を豊かに生きる」こと、すなわ

ち、「今を豊かに生活する」ことをめざしたことは、重大な意識変革である。現在の生活を、力や心を育てる手段と意味づけて、それに対応するのではなく、「今を豊かに生活する」こと、それ自体をめざし、学校生活の充実・発展を図ろうとするのである。

　生活を教育の手段としたのでは、生活の自然性を歪めかねない。自然で実際的な活動で、今を豊かに生活し、豊かな生活を積み重ねれば、生活に必要な力も心も、自ずからはぐくまれる。そして、明日を、将来を、より豊かに生きられるようになる。今の豊かな生活が、明日の、そして、将来の豊かな生活に通じる。

　幼児期に、幼稚園で豊かに生活することも、保育所や通園施設で豊かに生活することも、その方法原理に変わりはない。青年期に、養護学校高等部で豊かに生活することも、作業所で豊かに生活することも、基本的には違いがない。そして、青年期のそれぞれの場における豊かな生活は、成人期の援護施設での豊かな生活につながり、発展する。今を豊かに生活する方法原理は、さらに、特別養護老人ホームで豊かに生活することにも通用するものと考える。

　障害のある人への支援的対応において、乳幼児期から高齢期まで共通に通用する方法原理は、今を豊かに生活できる状況づくりである。年齢段階が異なり、生活の場が違っても、今を豊かに生活できる状況づくりが、最重要課題であることに変わりはない。

　障害教育においても、障害福祉においても、「今を豊かに生きる」をめざし、「今を豊かに生活できる状況づくり」を課題視するようになったことには、斯界の今日的思潮が関係している。

　近年、障害を、単に個人の特質としてよりは、個人と周りの状況との関

係でとらえるようになった。知的障害の場合で言えば、「脳の欠陥」や「知的能力の劣弱」としてよりは、そのことから生じる「社会的不利」を重視するようになった。そして、社会的不利を解消するための支援的対応－だれもが、それなりに自立的・主体的に活動できる状況づくりに努めるようになった。その「できる状況づくり」が行き届けば、社会的不利が解消され、「今を豊かに生きる」ことができる、と考えられるようになった。

　障害福祉の分野のみならず、障害教育においても、ＱＯＬ（質の高い生活）を追究するようになった。「ＡＤＬよりはＱＯＬ」（日常生活動作の訓練よりは質の高い生活）をという思潮は、教育界にも浸透してきた。質の高い生活のできる状況づくり、それは、「今を豊かに生きる」ための状況づくりである。

　自立についての考え方の変化も、「今を豊かに生きる」をめざすようになったことと関係する。障害の軽重等にかかわりなく、人それぞれに、それなりの自立的生活があるとし、自立的に生活できる・できないを、個人と周りの状況との関係で考えるようになってきた。自立的に生活できる状況づくりが行き届けば、だれもが、自立的に生活できるようになる。自分から、自分で、精一杯取り組む自立的生活を積み重ねて、より自立的に生活できる力を身につけ、将来、より自立的に生活できるようになる。

　自分の力で取り組む自立的生活に加えて、自分の意思で取り組む主体的生活を大切にするようになった。整えられた生活に自立的・主体的に取り組めば、その生活は、「今を豊かに生きる」ことに通じる。

　障害のある人を、単なる福祉サービスの対象とするのでなく、社会の主体者と認め、その主体性を確保・確立しようとするようになった。今日、「自己決定と本人参加」が世界的思潮になっている。生活の場はどこであ

れ、「させられる生活」から「する生活」への転換が重要課題となっている。「今を主体的に生きる」をめざせば、必然的に、「今を豊かに生きる」ことになる。

　障害のある人たちの福祉関係施設等における生活の充実・発展を図り、その生活を地域生活に広げようとする思潮が高まっている。福祉関係施設等における生活を、地域の人と交わる生活に広げることが、「今を豊かに生きる」には必要不可欠である。

　以上の今日的な思潮を踏まえて、新しい時代の保育所や福祉関係施設等の生活のありようを考える基礎資料として、本書が役立てば幸いである。

　　2001年1月1日

　　　　　　　　　　　　　　　　　　千葉大学名誉教授
　　　　　　　　　　　　　　　植草学園短期大学福祉学科長　**小出　進**

障害教育福祉論
保育所・福祉関係施設編
今を豊かに生活する

【目　次】

監修者序 ── 教育的対応と福祉的対応の一体化　3

第1章　豊かに生きるをめざす　11

第2章　児童福祉施設と学校　22
　1．児童福祉施設と学校　22
　2．保育所　23
　3．障害のある児童の通園施設　26
　　（1）知的障害児通園施設　27
　　（2）肢体不自由児通園施設　29
　　（3）難聴幼児通園施設　30
　4．障害児通園事業等　31
　　（1）障害児通園（デイサービス）事業　31
　　（2）心身障害児総合通園センター　32
　　（3）母子通園事業　34
　5．障害のある児童の居住施設　34
　　（1）知的障害児施設　34
　　（2）自閉症児施設　37

（3）盲児施設　37
　（4）ろうあ児施設　39
　（5）肢体不自由児施設　39
　（6）重症心身障害児施設　41
　（7）情緒障害児短期治療施設　42
 6．幼稚園　43
 7．小学校・中学校特殊学級　45
 8．盲・聾・養護学校　45

第3章　保育所・通園施設等での生活づくり　48
 1．保育所・通園施設等の生活　48
　（1）乳幼児期の生活　48
　（2）保育所の生活　49
　（3）通園施設等の生活　53
 2．遊びを中心にした生活づくり　55
　（1）遊びの教育的価値　55
　（2）幼児教育の中での遊び　57
　（3）障害教育の中での遊び　59
　（4）テーマに沿って遊ぶ生活　60
　（5）場の設定・遊具等の工夫　67
　（6）共に活動しながらの支援　75
 3．日常生活の支援　81
　（1）日常生活の諸活動への支援　81
　（2）生活の流れの中でのさりげない支援　82

第4章　援護施設・作業所等での生活づくり　86
　1．援護施設・作業所等の生活　86
　　（1）青年期・成人期の生活と生活の場　86
　　（2）援護施設・作業所等の生活　92
　2．働く作業活動を中心にした生活づくり　96
　　（1）青年期・成人期にふさわしい生活を　96
　　（2）働く作業活動の計画　101
　　（3）めいっぱい働く生活を仲間と共に　108
　　（4）共に働きながらの支援　113
　　（5）クラブ等の計画　114

第5章　特別養護老人ホーム等での生活づくり　118
　1．特別養護老人ホーム等の生活　118
　　（1）高齢期のＱＯＬ　118
　　（2）高齢期の生活の場　121
　　（3）特別養護老人ホームの生活　127
　2．趣味的な活動を中心にした生活づくり　131
　　（1）生活の中心に楽しめる活動・楽しめる生活のテーマを　131
　　（2）楽しめる状況づくり　134
　3．日常生活の支援　140
　　（1）日常生活の諸活動への支援　140
　　（2）生活の流れの中でのさりげない支援　142

第6章　障害関係施設の生活についての点検・評価　144
　1．生活の要素や側面　144
　2．普通であたり前の生活になっているか　145
　3．適切な支援が行き届いた生活になっているか　147
　4．目当てと見通しのもてる生活になっているか　148
　5．だれもが参加し、活躍できる生活になっているか　150
　6．思いが大切にされ、反映する生活になっているか　151
　7．共に取り組み、感じ合い、分かり合う生活になっているか　153
　8．生活年齢にふさわしい生活になっているか　154
　9．地域の人と関わり、交わる生活になっているか　155
　10．本人が納得し、満足する生活になっているか　157

付章　共に生きる ― 感じ合い、分かり合い、支え合い　160
　思いを思いやる感性／思いに共感する感性のよい・わるい／自然な付き合いを妨げる指導者意識／共に生活する過程での関わり／統率者タイプの指導者／「まわりの晴れわたる命令者」／「教師くさい」のイメージ／共に活動しない指導者／「彼女のいつものパターン」／支援者としての意識変革／共に活動しながらの支援／思いを思いやる／自然な活動を歪める／まやかしの生活単元学習／教育的いじわる／人間として同じ思い／思いを全面否定する罰／職業病「感性喪失」／荘君にわびる／技法を越えた誠実な対応／愛と共感の教育／共感が優しい理解と対応に／共感が肯定的受け止めに／どの子どもをも、かけ替えのない存在に／小さな曼陀羅の世界を／さりげなく、細やかに／支えられたことを実感／説明されない思いへの共感

文献　201
あとがき　204

第1章　豊かに生きるをめざす

「生きる」から「豊かに生きる」へ

　知的障害等の障害教育では、研究大会の主題等に、早くから、「生きる」という文言を取り入れた。全日本特殊教育研究連盟の全国大会で、大会主題を「たくましく生きていくための教育」と設定したのは、今から20数年も前のことである。中央教育審議会の「生きる力をはぐくむ教育」の提言よりは、20年前のことである。

　その後、「たくましく生きる」という文言と同じ語感の「生きぬく」という語が登場する。要するに、戦後当初から、社会的悪条件の中で、「たくましく」「生きぬく」力をはぐくむことを、課題としたのである。

　この教育は、「生きる力を」という言い方をする以前から、「自立」「社会自立」をめざし、自立的に生活する力を育て、高めることを大切にしてきた。「自立」「社会自立」をめざしての教育では、身のまわりの始末ができるようにすること、人と交わり、付き合うことができるようにすること、職場で働くことができるようにすることなどに焦点を当て、力が注がれた。

　その結果、豊かに生活し、豊かに生きることに欠けることが懸念された。そのため、「自立」をめざしながらも、さらに、「豊かな生活」「豊かに生活すること」をねがうようになった。「生きる力」を、「豊かに生きる力や心」ととらえ、それをはぐくむ教育を指向するようになった。

　「自立的な生活」に加え、「生きがいのある生活」をめざすようになった。

「生きる力」に加え、「生きがいをもって生きる力」を大切にするようになった。その過程で、「豊か」と「生きがい」の二つの語は、生きる力の修飾語として加わることが多くなった。さらに、「自立的に生きる」「たくましく生きる」を「豊かに生きる」「生きがいをもって生きる」と言い換えるようになった。

一般に学校教育では、この種の主題設定にあたっては、「力を育てる」「心をはぐくむ」などの文言を用いるのが一般的である。知識や技能の習得を図り、力や心を育てることを、教育の主たる目的とする考え方が一般化し、固定化しているからである。中央教育審議会の提言も、「生きる力をはぐくむ教育」であった。今日、知的障害等の障害教育では、学校で今を「豊かに生きる」こと自体をめざすようになった。

「豊かに生きる力を育てる教育」という言い方に対しては、「豊かに生きる力がなければ、豊かに生きられないのか」という、疑問が投げかけられる。もし、「豊かに生きる」のに、一定の力が必要不可欠だとすると、障害が重い場合、豊かに生きることを、早々に、断念しなければならなくなる。この世に生を受けた段階で、障害のために、豊かに生きられないことが決定づけられたとしたら、それは、きわめて残酷なことであり、あってはいけないことである。

今を豊かに生きられる状況づくり

豊かに「生きる・生きられない」を、個人のせいだけにすべきではない。豊かに「生きる・生きられない」を決定づけるものは、個人の力であるよりは、個人の周りの状況である。たしかに、知的障害等の障害があれば、豊かに生きにくい現実がある。障害があって、自立的に生きる力が弱けれ

ば、豊かに生きることに制限を受けがちである。障害が重いほど、その制限が大きくなりがちである。個人の周りの状況が、豊かに生きることを妨げるからである。だから、豊かに生きられる状況をつくって、今を豊かに生きられるようにする必要がある。豊かに生きる力をつけて、豊かに生きられるようにするのではない。豊かに生きられる状況をつくって、豊かに生きられるようにする。

　卒業後、豊かに生きられるようにするために、今の生活を手段にしたり、犠牲にして、生きる力をつけるというのではない。現在の生活で、今を豊かに生き、今の生活の充実・発展として、将来も、豊かに生きられるようにするのである。今を豊かに生き、豊かに生きることを積み重ねて、将来も、豊かに生きられるようにする。それぞれの年齢段階や個人の状態に合わせて、豊かに生きる上で必要な状況づくりに努めることになる。

　今を豊かに生きること、今を豊かに生活すること自体を教育でめざすことには、重大な意識変革がある。

　現在の学校生活を将来必要となる力や心を育てるための単なる手段と意味づけて、子どもに対応すれば、生活の自然性を歪めることになる。生活を教育の手段として、生活に必要な知識や技能の習得を図ろうというのではない。学校で、今を「豊かに生活する」こと自体をめざすのである。

　今を、明日を豊かに生活し、豊かな学校生活を積み重ねれば、より豊かに生きる上で必要な力も心も、自ずからはぐくまれる。そして、卒業後の将来をより豊かに生きられるようになるはずである。今の豊かな生活の積み重ねが、卒業後の将来のより豊かな生活に自ずから通じる。

　「豊かに生きる」をめざすことになった、時代の思想的背景に、「ＱＯＬの追究」がある。ＱＯＬすなわち「質の高い生活」を障害福祉の分野のみ

ならず、障害教育においても追究するようになった。「ＡＤＬよりはＱＯＬ」すなわち、「日常生活動作の訓練」よりは「質の高い生活」を、「日常生活動作の訓練」に汲々とするよりは、今を学校で「質の高い生活」をという時代の思潮は、知的障害等の障害教育界にも浸透しつつある。

知的障害等の障害教育の場合で言えば、知識・技能の習得を図る訓練的な指導に明け暮れるよりは、質の高い生活のできる状況づくりに努めるべきである、ということになる。「質の高い生活の追究」と「今を豊かに生きるをめざす」こととは、その方向においても、内容においても一致する。現在の学校生活で、今を豊かに生きられるようにする状況づくり、それは、学校生活を質の高い生活にする教育的支援でもある。

整えられた生活への自立的・主体的取り組み

生活の質を高め、今を豊かに生きるために、どのような生活をめざすべきか。豊かに生きるために「豊かな経験を」ということで、目先の違った、多種多様な断片的活動に、中途半端に取り組んでも、けっして、豊かな生活にはならない。どんなに多彩な活動を用意しても、取り組み方が半端では、豊かな経験にも、豊かな生活にもならない。豊かな経験・豊かな生活については、経験の内容の多様さよりは、活動や生活への取り組み方に求めたい。

整えられた生活に、自立的・主体的に取り組むことで、豊かに生きる生活は、確実に実現される。新しい自立観では、「自分の力で取り組む」ということに加えて、「自分の意思で取り組む」ということを大切にする。自立的取り組みにおける、主体的取り組みの側面を大事にする。

学校や施設における子どもも大人も、単なる、教育の対象・福祉の対象

ではなく、そこでの生活の主体者である。学校における子どもは、学習者であるとともに生活者である。学校は、子どもの学習の場であるとともに生活の場でもある。1日のうちで、もっともよい時間帯に、仲間や教師とともに生活する。生活者としての子どもは、生活の主体者であって、「生活させられる子ども」ではない。「生活する子ども」である。生活の主体者としての子どもの生活は、教師や指導者に「させられる生活」ではなく、自分から、自分で「する生活」でなければならない。

　子どもの主体性確保のために、学校生活を、子どもが「させられる生活」から「する生活」に転換する必要がある。子どもを「させられる生活」から解放しなければならない。子どもは、教育され、指導される子どもである前に、「生活する子ども」である。「生活させられる子ども」ではなく、「生活する子ども」である。生活の主体者としての子どもである。

本人主体の生活の実現

　今日、この世界では、「自己決定と本人参加」が世界的な思潮になっている。本人に関することを、本人不在の状況下で決定し、その決定を、本人に押しつけてきたことへの反省が基にある。この反省に立って、この人たちの主体性確保の思潮が高まっている。全日本手をつなぐ育成会の全国大会において、過去の大会ではなかった、本人決議がなされるようになった。この本人決議の中に、「私たちに関することは、私たちを交えて決めていくようにしてください」という要望事項が含まれている。

　学校でも、施設でも、教師や指導者が決めたことを、当事者本人に押しつけることが当たり前になっている。「子どもの主体性を大切にする」とは言うが、"たてまえ"だけで終わっていることが多い。その証拠には、子

どもに対して言う言葉が、「せる・させる」の使役語ずくめである。遊ばせる、働かせる、学習させる、発達させる、身につけさせる、就職させる…と、すべて「せる・させる」で言いきる。時には、「主体的に行動させる」とか「自主的に選択させる」などと、訳の分からない言い方をする。言語明瞭・意味不明である。

「させられる活動」「させられる生活」からは、「質の高い活動」「質の高い生活」は望めない。「豊かな活動」「豊かな生活」は期待できない。とかく、「させられる生活」を余儀なくされがちな、この子どもたちの生活を、「させられる生活」から「する生活」に転換して、豊かに生きる、質の高い生活の実現を図りたい。

本人が主体となる生活を実現するにも、本人が主体的に取り組む生活を実現するにも、学校や施設で子どもが取り組む生活を、真の生活に近づけなければならない。自然で実際的な生活にする必要がある。一般に、学校における子どもの学習活動は、現実の生活から遊離しがちである。現実の生活とは無縁の活動になりがちである。

一連の学習活動には、生活としての流れも、まとまりもない。そのような学習活動で組織される学校生活は、真の子どもの生活ではない。だから、子ども主体の学校生活にはなりにくい。子どもが主体的に取り組む学校生活にもなりにくい。今日の一般的な学校の授業体制のもとでは、子どもが主体的に活動することに大きな限界がある。子どもの主体的な活動を促すには、自然で実際的な活動を多くして、生活を進める必要がある。

主体的な生活や活動を大事にするなら、「自己決定と本人参加」を、学校や施設においても、具体化する努力が必要である。たとえば、学校祭の時期には、学校祭をめざした生徒主体の学校生活にする。実行委員会を設

けるなどして、生徒が、学校祭の計画と実行において、主体的な役割を果たすようにする。日程計画や活動計画を、生徒を交えて決めるようにする。ポスターなどの製作や掲示、広報機関などに出向いてのＰＲなども、実行委員会が主になって行う。

バザーのための作品作りや製品作りを行う作業班の経営にも、生徒が主体的に取り組めるようにする。原材料の注文や管理も、係の生徒が行う。製品の注文取りや注文受けにも、生徒がかかわる。納品や会計にも生徒が当たる。

学校祭の中の遊びが主となるような場面では、子ども一人ひとりがそれなりに自分で遊びを選び、自分から遊び、自分で遊べるように必要な状況づくりをする。子どもが教師に遊ばせてもらう状況を、できる限りなくし、子どもが自分で遊べる状況をつくるようにする。強い指示や過剰な手助けを避け、さりげない支援的な対応に努める。遊びやすい状況づくりとしての支援的な対応に、最大限の力を注ぐ。

自立的・主体的に取り組める状況づくり

本人主体の生活をめざして、支援者としてなすべきことは、子どもが自立的・主体的に活動し、生活できる状況をつくることである。その「できる状況づくり」としての支援は、自立的・主体的に活動し、生活しやすいように、生活を整え、支えることを意味する。「生活を整え、支える」ために、支援者のなすべき対応は、「生活への支援」であり、「子どもへの支援」である。「教える対応」というよりは、「支える対応」である。「指導」というよりは、「支援」である。

本人の主体性確保をめざせば、指導の「訓練的側面」よりは、指導の「支

援的側面」を大切にすることになる。「教え、直す」指導よりは、「支える」指導が求められる。子どもの自立的・主体的生活をめざせば、必然的に、それを支える対応が大切になる。「自立的・主体的生活を支える」ということは、自立的・主体的に活動できる状況をつくることを意味する。その「できる状況づくり」が行き届けば、だれもが、自立的・主体的に活動し、生活できるようになる。そして、豊かに生活し、豊かに生きられるようになる。

過去の自立観では、支援的対応を多くすれば、それを受ける人の活動や生活が、自立的でなくなり、主体的でなくなるものと考えられた。新しい自立観では、必要な支援が行き届くほど、それを受ける人の活動や生活が、自立的となり、主体的となる。

障害のある人たちの自立性・主体性が大切にされるようになるにつれ、福祉の分野でも、労働の分野でも、この人たちへの対応が、「支援」という言葉で、言われることが多くなった。たとえば、「相談支援」「家族支援」「地域生活支援」「就労支援」「自立支援」などなど、「支援」の語が、多く使われるようになった。障害のある人たちの、「自立性・主体性」を大切にするようになったことでの用語の変化である。

力と個性の発揮を積み重ねて

発達期の子どもが、その子どもなりに、めいっぱい自立的・主体的に活動し、生活すれば、どの子どもも、力と個性を最大限に発揮する。めいっぱい自立的・主体的に活動し、生活できる状況づくりは、同時に力と個性を最大限に発揮できる状況づくりでもある。力と個性を出しきって取り組み、首尾よく成し遂げられる状況があれば、力と個性を出しきり、首尾よ

く成し遂げる体験を積み重ねることができる。

　力と個性を最大限に発揮し、首尾よく成し遂げられる状況下では、障害は軽く見える。自立的・主体的に活動し、生活できる状況下においても、障害は軽く見える。いずれの場合も、周りの状況を整え、子どもの活動や生活を支えることに努めた結果である。

　発達期には、力を発揮し、力の発揮を繰り返す過程で、力を確実に高め、身につける。個性を発揮し、個性発揮を繰り返す過程で、より個性的になり、個性的価値を高める。今を豊かに生きる過程で、豊かに生きることとかかわる力と心を養い、身につけ、将来、より豊かに生きることを容易にする。

　新しい自立観では、現在の生活を、将来の生活の手段とは考えない。現在の生活を手段にして、将来、自立的・主体的に、豊かに生きるための力を育て、高めようとは考えない。今を、自立的・主体的に生活し、その結果として、その発展として、将来、より自立的に生きられるようになることをねがう。今を、豊かに生きて、その結果として、その発展として、将来、より豊かに生きることをねがう。

新しい障害観の教育への具体化

　学校で豊かな生活を実現するには、新しい障害観を教育に反映しなければならない。新しい障害観を教育に具体化する必要がある。新しい障害観によれば、障害を個人の特質ととらえるよりは、個人と周りの状況との関係でとらえる。

　知的障害の場合で言えば、脳の欠陥（インペアメント）は、個人に備わる個人の特質である。知的能力の劣弱（ディスアビリティ）も、個人に備

わる個人の特質である。しかし、脳の欠陥や知的能力の劣弱からくる社会生活上の不利、つまり、社会的不利（ハンディキャップ）は、個人の特質ではなく、周りの状況との関係でとらえられるものである。知的障害ということを、単に脳の欠陥としてとらえたり、単に知的能力の劣弱としてとらえるのではなく、社会的不利としてとらえるようになってきた。

　脳の欠陥を軽くしたり、治したりすることは、きわめて困難なことである。知的能力の劣弱を軽減・回復することも容易なことではない。けれども、脳の欠陥や知的能力の劣弱から起こる社会的不利を、小さくしたり、なくしたりすることは、それほど困難なことではない。適切な支援が行き届けば、社会的不利という意味の障害は、いくらでも小さくすることができる。適切な支えが行き届き、個人を取りまく周りの状況が変われば、社会的不利は、限りなく小さくなる。社会的不利という意味の障害は、限りなく小さくなる。

　この新しい障害観を、学校で受け入れ、教育に具体化する方向と、豊かな学校生活を実現する方向は重なり、一致する。新しい障害観に基づく教育では、脳の欠陥や知的能力の劣弱への直接的な対応よりは、社会的不利への対応を大切にする。障害の治療や改善を図るための、障害への直接的な対応よりは、障害があることでの社会的不利を解消するための、個人を取りまく周りの状況への対応を優先する。

周りの状況への対応

　個人を取りまく周りの状況への対応、それは、だれもがそれなりに、自立的・主体的に活動できる状況づくりである。だれもがそれなりに、もてる力と自分らしさを発揮できる状況づくりである。さらに、だれもが豊か

第1章　豊かに生きるをめざす

に生活できる状況づくりでもある。

　子どもが学校で、仲間と一緒に遊べなければ、その子どもにとっては遊べる状況がないわけだから、社会的不利である。だから、遊べる状況をつくって、それなりによりよく遊べるようにする。遊ぶ力がないからとみて、遊ぶ力をつけて遊べるようにするのではない。遊べる状況をつくって、遊べるようにするのである。好きな遊びを計画したり、好きな遊具や扱いやすい遊具を用意したり、遊びを支えたりして、遊べる状況をつくって、遊べるようにする。

　仲間と一緒に作る活動や作業に取り組めない生徒がいれば、その生徒にとっては、作る活動や作業のできる状況がないわけだから、社会的不利である。作業のできる状況づくりとしての支援的対応が不足し、そのために起こった社会的不利である。この社会的不利を解消するために、作業のできる状況をつくって、作業的な活動ができるようにする。作業する力がないからとみて、その力をつけて、作業ができるようにするのではない。作業のできる状況をつくって、作業ができるようにする。できそうな作業活動を計画したり、扱いやすい道具などを用意したり、一人ひとりの作業活動を必要にして充分に支えて、作業のできる状況をつくる。そして、作業ができるようにする。

　できる状況の中では、どの子どももそれなりに、めいっぱい自立的・主体的に活動し、もてる力と自分らしさを発揮する。力と個性の発揮を繰り返し、積み重ねれば、間違いなく力を高め、個性的価値を高める。

（小出　進）

第2章　児童福祉施設と学校

1．児童福祉施設と学校

　児童福祉法（第7条）で規定する児童福祉施設には、助産施設、乳児院、母子生活支援施設、保育所、児童厚生施設、児童養護施設、知的障害児施設、知的障害児通園施設、盲ろうあ児施設、肢体不自由児施設、重症心身障害児施設、情緒障害児短期治療施設、児童自立支援施設、及び児童家庭支援センターがある。

　児童福祉法（第4条）でいう児童とは、満18歳に満たない者をいい、児童を下のように分けている。

　1、乳児　満1歳に満たない者
　2、幼児　満1歳から、小学校就学の始期に達するまでの者
　3、少年　小学校就学の始期から、満18歳に達するまでの者

　学校教育法（第1条）で規定する学校には、小学校、中学校、高等学校、中等教育学校、大学、高等専門学校、盲学校、聾学校、養護学校及び幼稚園がある。このうち、障害のある児童に関係する学校は、障害児を受け入れている幼稚園、小学校・中学校特殊学級、盲学校、聾学校、養護学校などがある（表2－1）。

　学校教育では、幼稚園は幼児を、小学校は児童を、中学校・高等学校は生徒を、それぞれ対象とするとし、幼児、児童、生徒を一括していうときは、つぎのように「者」の語を使用している。

　「盲学校、聾学校又は養護学校は、それぞれ盲者、聾者又は知的障害者、

第2章　児童福祉施設と学校

表2−1　障害関係施設と学校

	6	12	15	18(歳)
保育所				
知的障害児通園施設 難聴幼児通園施設 肢体不自由児通園施設				
		知的障害児施設 第一種自閉症児施設 第二種自閉症児施設 盲児施設 ろうあ児施設 肢体不自由児施設 肢体不自由療護施設 重症心身障害児施設 情緒障害児短期治療施設		
心身障害児通園(デイサービス)事業 心身障害児総合通園センター 母子通園事業				
幼稚園	小学校 特殊学級	中学校 特殊学級	高等学校	
盲学校・聾学校・養護学校 幼稚部	盲学校・聾学校・養護学校 小学部	盲学校・聾学校・養護学校 中学部	盲学校・聾学校・養護学校 高等部	

肢体不自由者若しくは病弱者に対して、幼稚園、小学校、中学校又は高等学校に準ずる教育を施し、…」（第71条）。

2．保育所

　保育所は、日々保護者の委託を受けて、保育に欠けるその乳児又は幼児を保育することを目的とする施設とされている（児童福祉法第39条）。
　「学校教育法」で規定されている幼稚園との機能区分がしばしば問題になる。障害のある幼児への教育的対応という観点からみた場合、幼稚園と保育所の役割をどう区分するか、さらに難しくなる。
　保育所の対象については、次のように「保育に欠ける乳幼児」という限定条件が付されている。

「市町村長は、保護者の労働又は疾病その他の政令で定める基準に従い条例で定める事由により、その監護すべき乳児、幼児又は第39条第2項に規定する児童の保育に欠けるところがあると認めるときは、それらの児童を保育所に入所させて保育しなければならない」（児童福祉法第24条）。

障害のある幼児をもつがために保護者が労働に就きたくとも就きにくいこと、障害のある幼児を家庭において適切に保育することは難しいこと、などの点を考慮すれば、障害のある幼児であることを「保育に欠ける」条件に準ずるものとして考えられる。

昭和40年代に入ったころから、幼稚園の場合以上に、保育所における障害のある幼児の受け入れを要求する主張や運動が各地で活発に展開されるようになってきた。

昭和40年代後半期には、京都府（46年1月）、東京都（48年11月）、大阪府（48年12月）、川崎市（49年3月）、八尾市（50年3月）など各地の児童福祉審議会が、相次いで、保育所における障害児保育の問題点に関して、意見具申、中間報告、答申などを行っている。大津市のように、希望者全員入所をめざす地域も現れてきている。

昭和48年11月、中央児童福祉審議会は、「当面推進すべき児童福祉対策について」の中間報告で、保育所における障害のある幼児の受け入れに関し、次のように述べている。

「一般の児童とともに集団保育することにより、健全な情緒、社会性等の成長発達を促進する可能性が大きく期待できる程度の障害児をまず保育所に受け入れて適切な保育を行う方策を具体化すべきであり、どの程度の障害児を受け入れ得るかについても今後検討を進めるべきである。」

厚生省は、翌49年12月、障害児保育事業実施要項を定めたが、それに

表2−2 障害児保育を実施している保育所数・在所障害児数（平成9年10月1日現在 厚生省「社会福祉施設等調査報告」より）
　左下図）障害児保育を実施している保育所の割合（障害児保育実施施設総数）
　右下図）保育所における在所障害児の割合（在所障害児数／在所児総数）
＊表2−2に基づいてグラフにしたものである。

	総数		障害児保育を実施している	
	施設数	在所児数	施設数	在所障害児数
総数	22,387	1,738,802	14,812	20,317
公営	13,051	936,609	9,150	12,428
私営	9,336	802,193	5,662	7,889

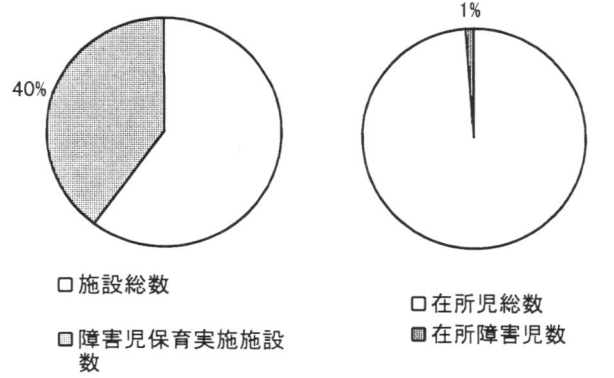

よれば、障害児保育事業では次のことを目指すことになっている。

「保育に欠ける軽度の心身障害を有する幼児を保育所に入所させ、一般の幼児とともに集団保育することにより、健全な社会性、情緒等の成長発達を促進する。」

原則として、障害児入所人員を8名とし、障害児4名につき専任保母1名を置くものとし、国の助成措置についても規定されている。40年代末から、障害児保育を実施する市町村、それに対して助成をなす都道府県は急

速に増加しつつある。

　昭和53年6月、厚生省児童家庭局長通知「保育所における障害児の受け入れについて」が出され、49年12月の同家庭局長通知「障害児保育事業の実施について」は廃止された。この通知では、国が助成の対象とする障害児は「保育に欠ける児童であって」、「集団保育が可能で日々通所できるもの」、「特別児童扶養手当の支給対象児（所得により手当の支給を停止されている場合も含む）」となっている。

　幼稚園の場合と同様に、保育所においても障害児の受け入れが急速に進行しており、それに対応できる諸条件の整備を急ぐことが当面の重要課題となっている（表2－2）。

3．障害のある児童の通園施設

　児童福祉法に基づく通園施設には、知的障害児通園施設、難聴幼児通園施設、肢体不自由児通園施設などがある。

　知的障害児通園施設は、「知的障害のある児童を日々保護者の下から通わせて、これを保護するとともに、独立自活に必要な知識技能を与えることを目的とする施設」（第43条）と規定されている。

　難聴幼児通園施設は、「強度の難聴の幼児を保護者の下から通わせて指導訓練を行う施設」（児童福祉施設最低基準第60条2の1）である。

　肢体不自由児施設は、「上肢、下肢又は体幹の機能の障害（以下、肢体不自由という。）のある児童を治療するとともに、独立自活に必要な知識技能を与えることを目的とする施設」（児童福祉法第43条の3）であり、そのうち「通所による入所者のみを対象とする施設」（児童福祉施設最低基

準第68条の2）が肢体不自由児通園施設である。

　障害のある児童の通園施設は、以上の3施設に区分されてはいるが、個々の施設定員の2割の範囲で、本来の対象児童とは異なる障害のある乳幼児の利用が認められている（平成10年8月、厚生省・実施要領）。

（1）知的障害児通園施設

　昭和32年4月、児童福祉法一部改正により、それ以前からあった居住制の知的障害児施設に加えて、知的障害児通園施設が新たに規定された。その対象については、同年6月の厚生省児童家庭局長通知によって、次のように限定的に定められた。

　「原則として満6歳以上の痴愚級の児童であって、保護者があり、かつ、身体上及び性情上通園に適さないような著しい欠陥を有しない者であり、学齢期児童については、学校教育法に基づく就学義務の猶予又は免除を受けたものに限るものであること。」

　「原則として6歳以上」という規定はあっても、昭和48年度には通園施設全所在児のほぼ30％が学齢前児で占められていた。

　昭和49年4月、長年、関係者から要請されてきた厚生省児童家庭局長通知「精神薄弱児通園施設に関する通知の改正について」がようやく出され、昭和32年の局長通知が改められ、通園施設は規定の上でも、学齢前児を対象とすることができるようになった。

　「この施設の対象児童は、原則として痴愚級の児童であって、保護者があり、かつ、身体上及び性情上通園に適さないような著しい欠陥を有しない者であること。」

なお、上記通知によって、「就学義務の猶予又は免除を受けた者に限る」という条件も削除された。

　平成9年度現在、知的障害児通園施設数226、在所者数7,338、うち、98.5％は就学前児である。知的障害児通園施設は事実上、就学前児を対象とする施設となっている（表2－3、表2－4）。

表2－3　知的障害児通園施設の年次推移（各年10月1日現在　厚生省「社会福祉施設等調査報告」より）

　＊下図は、表をグラフにしたものである。

	昭和63年	平成元年	2	3	4	5	6	7	8	9
公営	113	112	110	109	109	106	105	104	99	101
私営	103	104	105	105	106	111	117	118	124	125
総数	216	216	215	214	215	217	222	222	223	226

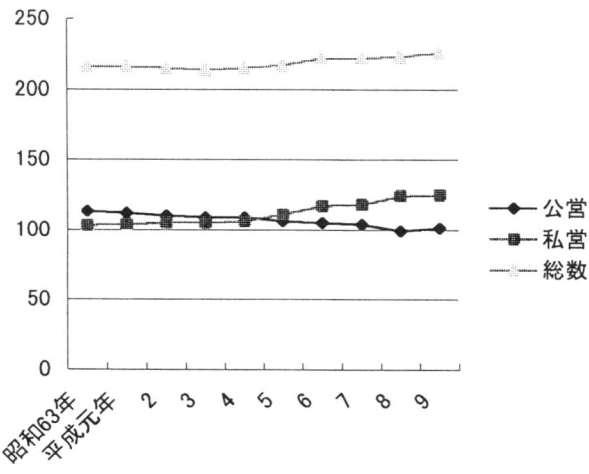

表2－4　知的障害児通園施設の年齢別在籍児数（平成9年10月1日現在　厚生省「社会福祉施設等調査報告」より）

＊右図は年齢別在籍児数について、グラフにしたものである（公営・私営含める）。

	公営	私営	総数
0歳	6	9	15
1	68	67	135
2	393	341	734
3	935	1099	2034
4	873	1226	2099
5	630	988	1618
6	209	384	593
7	-	6	6
8	-	-	-
9	-	7	7
10	-	1	1
11	1	1	2
12	-	4	4
13	-	11	11
14	-	4	4
15	7	5	12
16	16	11	27
17	16	2	18
18歳以上	13	5	18
総数	3167	4171	7338

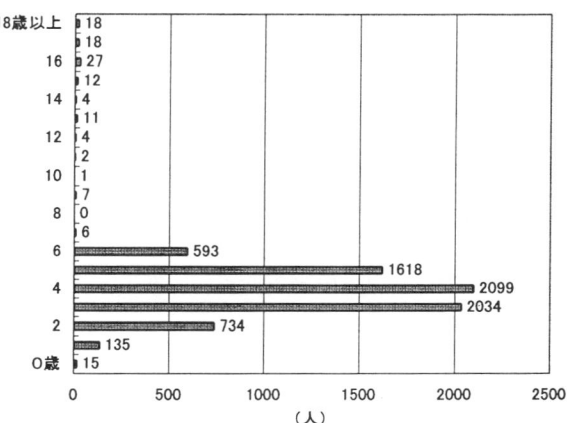

（2）肢体不自由児通園施設

　児童福祉法では、当初から肢体不自由児施設（居住制）を規定していたが、昭和38年、この施設の通所による利用を認め、同施設の通園部門と位置づけた。肢体不自由児施設に併設した通園部門である。

　昭和44年、中央児童福祉審議会の意見具申を受けて、肢体不自由児施設のうちの肢体不自由児通園施設と位置づけた。

　平成9年10月1日現在、同通園施設数は81か所、うち9割が公立で、1日の利用定員は40名である（表2－5）。

　肢体不自由児通園施設には、重度の知的障害児をはじめとする肢体不自

由以外の障害のある幼児も通所している。

　肢体不自由児通園施設は、児童福祉施設であると同時に、医療法による診療所等を併設する医療機関でもある。

表2－5　肢体不自由児通園施設の施設数・在所児数の年次推移（各年10月1日現在　厚生省「社会福祉施設等調査報告」より）
　　＊右図は表をグラフにしたものである。

年次	施設数	在所児数
昭和60	70	2,278
平成2	73	2,407
平成6	79	2,448
平成7	79	2,360
平成8	81	2,562
平成9	81	2,665

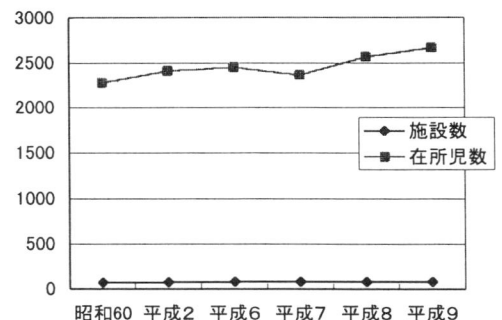

（3）難聴幼児通園施設

　難聴幼児通園施設は、児童福祉法で規定する「盲ろうあ児施設」のうちの「ろうあ児施設」の一施設である。

　平成9年10月1日現在、全国に27施設（公営9施設、私営18施設）あり、公営の施設は、いわゆる総合療育センターの一部門に位置づけられることもある。全施設の在籍児童数は835名である（表2－6）。

表2-6 難聴幼児通園施設の施設数・在所児数の年次推移（各年10月1日現在　厚生省「社会福祉施設等調査報告」より）

＊右図は、表をグラフにしたものである。

年次	施設数	在所児数
昭和60	23	641
平成2	27	710
平成6	26	638
平成7	26	658
平成8	27	710
平成9	27	835

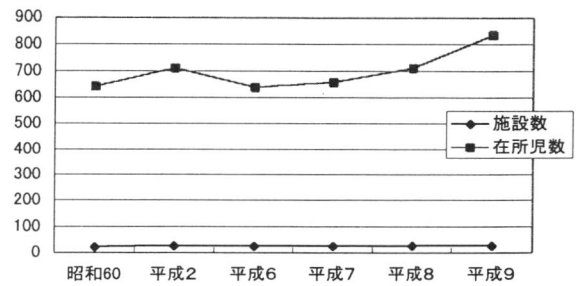

　難聴幼児通園施設には、難聴以外の障害のある幼児も入所していることが少なくない。特に公立の総合療育センターの難聴幼児部門には、難聴以外の障害のある幼児も入所している。

4．障害児通園事業等

　通園施設の補完的役割を果たし、地域の母子への相談支援活動等を行う障害児通園事業等には、国庫補助の対象と認められている障害児通園事業、通園施設を含む心身障害児総合通園センター、都道府県市単独の母子通園事業等がある。

（1）障害児通園（デイサービス）事業

　戦後間もないころから、一部の大学や病院において、知的障害等のある幼児に対する相談・支援活動が実施された。

知的障害児通園施設としての認可を受けない、いわゆる通園制の事業は、昭和40年代に入るころから、各地に多数開設されるようになった。
　厚生省は昭和47年、「心身障害児通園事業実施要綱」を作成した。この通園事業では、児童福祉法に基づく通園施設を利用することが困難な地域に、通園の場を設けて指導・支援を行うものであり、実施主体は市町村と定められているが、市町村は、その事業を他に委託できるようになっている。
　上記通園事業に対し、昭和48年度から国の助成がなされるようになった。なお、最近では職員3名、子ども20名で、通園費無料が標準型となっているが、その条件整備が大きな課題となっている。平成7年度現在、心身障害児通園事業（国の助成事業）の施設は、297か所だが、「障害者プラン」における平成14年までの数値目標は1,000か所となっている。
　平成10年度より、上記通園事業は定員が5名以上、対象として、小学校または盲・ろう・養護学校小学部児童も含むことになった。上記通園事業では、保育所・幼稚園などとの「併行通園」は、もちろん認められている。
　平成9年、全国心身障害児通園事業連絡協議会が発足している。

（2）心身障害児総合通園センター

　昭和54年、厚生省児童家庭局より設置要領が通知され、平成10年現在、全国に12か所設置されている（表2-7）。
　障害の早期発見・早期療育の体勢の充実を図ることの一環として制度化されたものである。業務のために、相談・検査部門と療育訓練部門を設けることになっている。

第2章　児童福祉施設と学校

相談・検査部門では、障害にかかわる各種相談、医学的、心理学的、社会学的な診断、検査・判定、障害とかかわる治療・指導、保護者に対する家庭における訓練方法等についての指導などを行うことになっている。

療育訓練部門では、児童福祉施設最低基準の定めるところにより、知的障害児通園施設、難聴幼児通園施設、肢体不自由児通園施設のうち2種類以上を設置し、療育訓練等を行うことになっている。

表2-7　心身障害児総合通園センター一覧（日本知的障害福祉連盟「発達障害白書2000年版」より）

センター名	開設日	住所	療育訓練部門		
			肢体	知的	難聴
広島市児童療育指導センター	S49.7.30	広島市東区光町2-15-55	60	30	30
北九州市立総合療育センター	S54.4.1	北九州市小倉南区春ヶ丘10-2	40	60	50
福岡市立心身障害児障害福祉センター	S54.4.1	福岡市中央区長浜1-2-8	40	30	30
千葉市療育センター	S56.4.1	千葉市美浜区高浜4-8-3	60		30
京都市児童福祉センター	S57.1.16	京都市上京区竹屋町通千本東入主税町910-25		30	
秋田県小児療育センター	S58.4.1	秋田市川尻町字八橋境2-11	40	30	30
大宮市心身障害総合センターひまわり学園	S58.4.1	大宮市三橋6-1587	40	30	30
大阪市立心身障害者リハビリテーションセンター	S59.4.2	大阪市平野区喜連西6-2-55	40	30	
富山県高志通園センター	S59.10.1	富山市下飯野36	40		30
横浜市総合リハビリテーションセンター	S62.10.1	横浜市港北区鳥山町1770	40	30	30
奈良県心身障害者リハビリテーションセンター	S63.6.13	磯城郡田原本町大字多722	40	30	30
豊田市こども発達センター	H8.4.1	豊田市西山町2-19	40	45	30

（3）母子通園事業

　国の助成事業である障害児通園事業とは別に、都道府県市単独事業としての通園事業がある。これを母子通園事業、母子通園センターなどと一括する。国庫補助を受けている母子通園事業と都道府県市単独事業としての通園事業を区別せずに名簿化していることもある。
　都道府県市単独事業である母子通園事業は、概して、補助金額が少なく、人的・物的に条件がある。
　通園施設と通園事業の格差、国庫補助のある通園事業と都道府県市単独の通園事業の格差をなくすることが当面の課題である。

5．障害のある児童の居住施設

　児童福祉法及び児童福祉施設最低基準で規定されている障害児のための施設として次のものがある。
　知的障害児施設、第一種自閉症児施設、第二種自閉症児施設、盲児施設、ろうあ児施設、肢体不自由児施設、肢体不自由児療護施設、重症心身障害児施設、情緒障害児短期治療施設などがある。

（1）知的障害児施設

　知的障害児施設は、「知的障害のある児童を入所させて、これを保護するとともに、独立自活に必要な知識技能を与えることを目的とする施設」（児童福祉法第42条）とされている。

第2章 児童福祉施設と学校

　知的障害児施設については、児童福祉法制定時（昭和22年）から精神薄弱児施設として規定され、平成12年4月から知的障害児施設と名称が改められた。

　近年、施設数・在籍者数については、減少傾向にある（表2－8）。

表2－8　知的障害児施設の施設数・在所児数等の年次推移（各年10月1日現在　厚生省「社会福祉施設等調査報告」より）

＊下図は、表の施設数、在所児数の年次推移についてグラフにしたものである。

	施設数	在所児数	16歳以上	16歳以上在所児の比率
昭和61	319	18,331	9,374	51.1%
昭和62	317	17,921	9,533	53.2
昭和63	313	17,485	9,654	55.2
平成元	309	17,067	9,962	58.4
平成2	307	16,754	10,271	61.3
平成3	304	16,339	10,275	62.9
平成4	303	16,039	10,484	65.4
平成5	300	15,432	10,260	66.5
平成6	297	15,022	—	—
平成7	295	14,597	10,095	69.2
平成8	291	14,185	9,915	69.9
平成9	284	13,520	9,333	69.0

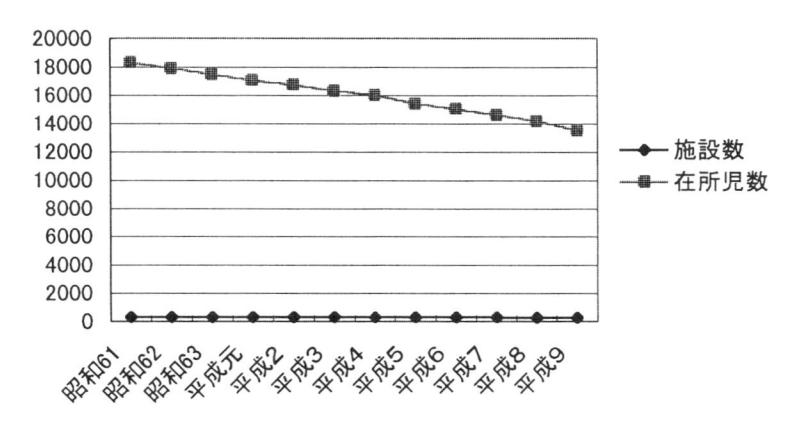

児童福祉法でいう児童とは、満18歳に満たない者を指すが、知的障害児施設に入所した児童については、満20歳に達するまで（国の設置する知的障害児施設または重症心身障害児施設に入所した児童については、社会生活に順応するようになるまで）在所させることができる（児童福祉法第31条）。

　なお、障害の程度が重度であって、引き続き入所させておかなければ福祉をそこなうおそれがあると認めるときは、満20歳に達した後においても、引き続きその施設に在所させることができる（児童福祉法第63条）。知的障害児施設においては、16歳以上の者の在籍する率が年々高くなっている。

　養護学校および特殊学級が発展する過程で、学校と児童福祉施設の機能分担に大きな変化が生じている。過去には、学校教育の対象とされなかった者に福祉施設が対応していたが、学校の対応が進むにつれて、学齢期にある児童には、学校と福祉施設が共に対応するようになった。昭和54年の養護学校教育義務化により、学齢期の施設在所児の完全就学がほぼ実現した。

　学齢期以後の高校年齢段階の施設在籍児も、養護学校高等部に入学するようになりつつある。

　知的障害児施設の目的を、「知的障害の児童を入所させて、これを保護するとともに、独立自活に必要な知識技能を与えること」と規定しているが（児童福祉法第42条）、在籍児の障害が重いこともあって、多くの場合、「独立自活」の状態に達し難い状況である。

　養護学校高等部等の学校に通学せずに、児童福祉施設で生活する児童に対して、どのような教育的対応をすべきか、改めて検討の必要がある。

（2） 自閉症児施設

「自閉性を主たる症状とする児童を入所させる知的障害児施設」として自閉症児施設がある。

「自閉性を主たる症状とする児童であって、病院に収容することを要するものを入所させる自閉症児施設」を「第一種自閉症児施設」という（児童福祉施設最低基準第48条の2）。

「自閉性を主たる症状とする児童であって、病院に収容することを要しないものを入所させる自閉症児施設」を「第二種自閉症児施設」という（児童福祉施設最低基準第48条の3）。

平成9年10月1日現在、自閉症児施設数は6施設、在所児数は230名である（表2－9）。

（3） 盲児施設

児童福祉法で規定する「盲ろうあ児施設」のうち、盲児を入所させるものを「盲児施設」という（児童福祉施設最低基準第60条）。

盲児施設は、盲児（強度の弱視児を含む）を入所させて、これを保護するとともに、独立自活に必要な指導又は援助をすることを目的とする施設である（児童福祉法第43条の2）。

平成9年10月1日現在、盲児施設数は15施設、在所児数は194名である。（表2－10）。

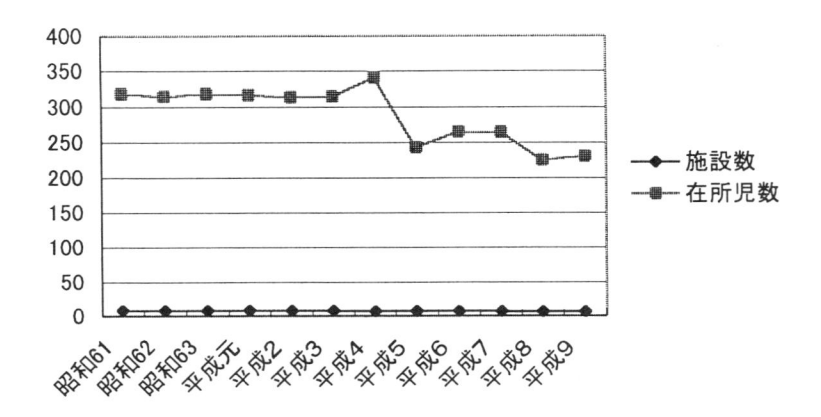

表2－9　自閉症児施設の施設数・在所児数等の年次推移（各年10月1日現在　厚生省「社会福祉施設等調査報告」より）

＊下図は、表の施設数、在所児数の年次推移についてグラフにしたものである。

	施設数	在所児数	16歳以上	16歳以上在所児の比率
昭和61	8	318	116	36.5%
昭和62	8	314	146	46.5
昭和63	8	318	151	47.5
平成元	8	316	163	51.6
平成2	8	313	177	56.5
平成3	8	314	183	58.3
平成4	7	341	152	44.6
平成5	7	243	150	61.7
平成6	7	265	－	－
平成7	7	264	155	58.7
平成8	6	225	113	50.2
平成9	6	230	124	53.9

表2-10　盲児施設の施設数・在所児数等の年次推移（各年10月1日現在　厚生省「社会福祉施設等調査報告」より）
＊右図は、表をグラフにしたものである。

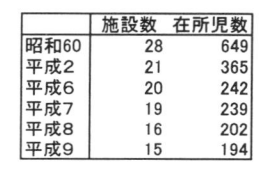

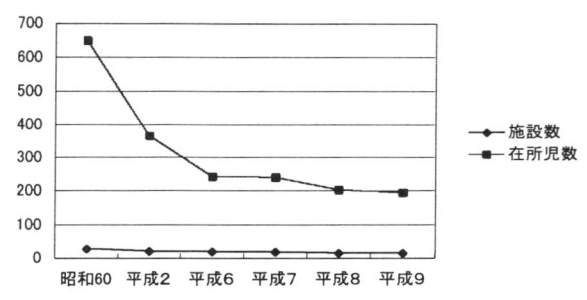

	施設数	在所児数
昭和60	28	649
平成2	21	365
平成6	20	242
平成7	19	239
平成8	16	202
平成9	15	194

（4）ろうあ児施設

　児童福祉法で規定する盲ろうあ児施設のうち、ろうあ児を入所させるものを「ろうあ児施設」という（児童福祉施設最低基準第60条の2）。
　ろうあ児施設は、ろうあ児（強度の難聴児を含む）を入所させて、これを保護するととともに、独立自活に必要な指導又は援助をすることを目的とする施設である（児童福祉法第43条の2）。
　平成9年10月1日現在、ろうあ児施設数は16施設、在所児数は220名である（表2-11）。

（5）肢体不自由児施設

　肢体不自由児施設は、「上肢、下肢又は体幹の機能の障害のある児童を治療するとともに、独立自活に必要な知識技能を与えることを目的とする

表2-11 ろうあ児施設の施設数・在所児数等の年次推移（各年10月1日現在　厚生省「社会福祉施設等調査報告」より）
＊右図は、表をグラフにしたものである。

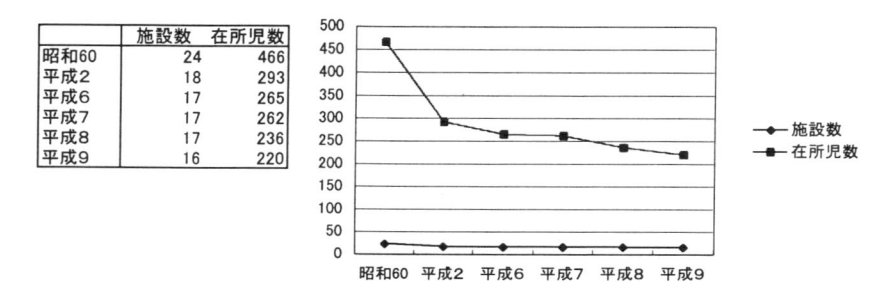

	施設数	在所児数
昭和60	24	466
平成2	18	293
平成6	17	265
平成7	17	262
平成8	17	236
平成9	16	220

施設」である（児童福祉法第43条の3）。

　肢体不自由児施設には、医療法に規定する病院として必要な設備等が必要だが、「病院に収容することを要しない肢体不自由のある児童であって、家庭における養育が困難なものを入所させる肢体不自由児施設」を「肢体不自由児療護施設」という（児童福祉施設最低基準第68条の3）。

　平成9年10月1日現在、肢体不自由児施設数は69施設、在所児数は4,838名である（表2-12、表2-13）。

表2-12　肢体不自由施設の施設数・在所児数等の年次推移（各年10月1日現在　厚生省「社会福祉施設等調査報告」より）
＊右図は、表をグラフにしたものである。

	施設数	在所児数
昭和60	74	7,136
平成2	72	6,217
平成6	70	5,307
平成7	70	5,049
平成8	69	5,014
平成9	69	4,838

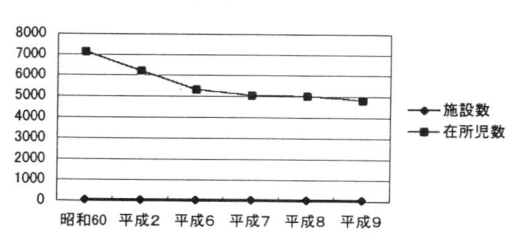

表2−13 肢体不自由児施設の年齢別在所児数（平成9年10月1日現在　厚生省「社会福祉施設等調査報告」より）
＊右図は、表の年齢別在所児数について、公営・私営を含む総数をグラフにしたものである。

年齢	総数	公営	私営
0歳	44	19	25
1	123	57	66
2	201	82	119
3	282	116	166
4	282	104	178
5	341	154	187
6	332	154	178
7	294	122	172
8	297	161	136
9	254	108	146
10	293	125	168
11	262	130	132
12	277	138	139
13	275	123	152
14	304	168	136
15	244	96	148
16	195	69	126
17	150	49	101
18歳以上	388	68	320
総数	4,838	2,043	2,795

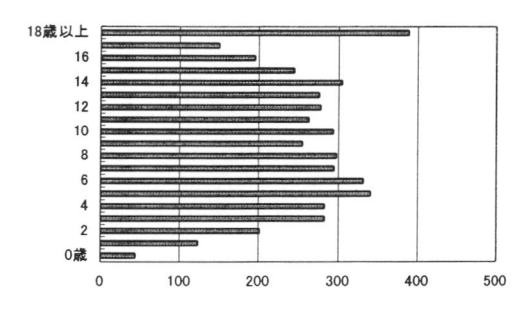

（6）重症心身障害児施設

　重症心身障害児施設は、「重度の知的障害及び重度の肢体不自由が重複している児童を入所させて、これを保護するとともに、治療及び日常生活の指導をすることを目的とする施設」（児童福祉法第43条の4）である。
　その設備の基準として「医療法に規定する病院として必要な設備のほか、…」とあり、その職員については、「施設の長及び医師は、内科、精神科、神経科、小児科、外科、整形外科又はリハビリテーション科の診療に相当の経験を有する医師でなければならない」と規定されている（児童福祉施設最低基準第72条、第73条）。
　平成9年10月1日現在、重症心身障害児施設数は82施設、在所児数は

8,298名である。なお、重症心身障害児施設では、在所児が施設に滞留する傾向があるため、18歳以上の在所者数が極めて多い（表2－14、表2－15）。

表2－14　重症心身障害児施設の年次推移（各年10月1日現在　厚生省「社会福祉施設等調査報告」より）

	昭和61	62	63	平成元	2	3	4	5	6	7	8	9
総数	58	58	60	62	65	65	71	73	76	78	79	82
公営	4	4	5	5	5	5	4	7	7	7	6	7
私営	54	54	55	57	60	60	66	69	69	71	73	75

表2－15　重症心身障害児施設の年齢別在所児数（平成9年10月1日現在　厚生省「社会福祉施設等調査報告」より）

＊右図は、表の年齢別在所児数について、公営・私営を含む総数からグラフにしたものである。

年齢	総数	公営	私営
0歳	5	-	5
1	30	3	27
2	47	2	45
3	57	7	50
4	51	2	49
5	55	4	51
6	68	7	61
7	49	7	42
8	69	6	63
9	94	11	83
10	95	4	91
11	72	11	61
12	113	15	98
13	116	8	108
14	96	5	91
15	108	12	96
16	117	11	106
17	134	11	123
18歳以上	6,922	577	6,345
総数	8,298	703	7,595

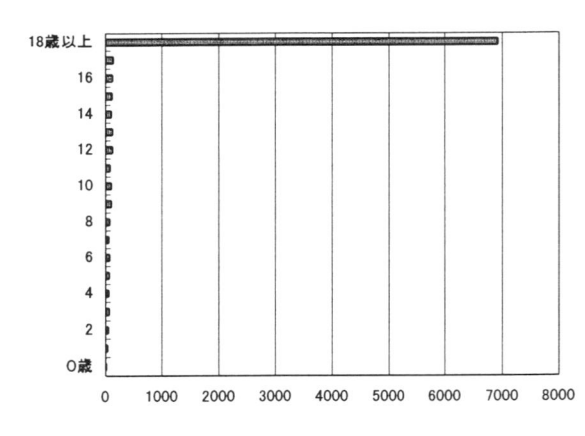

（7）情緒障害児短期治療施設

情緒障害児短期治療施設は、「軽度の情緒障害を有する児童を、短期間、入所させ、又は保護者の下から通わせて、その情緒障害を治すことを目的

とする施設」(児童福祉法第43条の5)である。

平成9年10月1日現在、情緒障害児短期治療施設は16施設、在所児数は539名である。なお、情緒障害児施設数・在所児数ともに、漸増している(表2-16)。

表2-16 情緒障害児短期治療施設の施設数・在所児数等の年次推移(各年10月1日現在　厚生省「社会福祉施設等調査報告」より)
＊右図は、表をグラフにしたものである。

	施設数	在所児数
昭和60	11	436
平成2	13	460
平成6	16	539
平成7	16	560
平成8	16	579
平成9	16	593

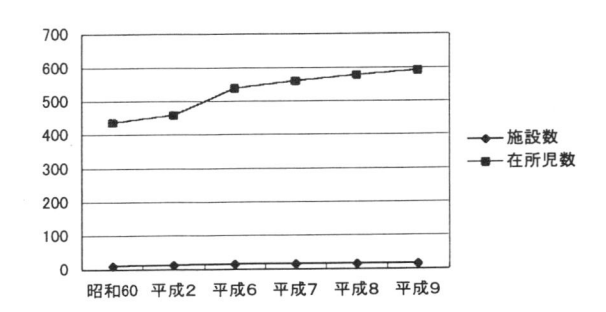

6．幼稚園

　幼稚園は、学校教育法で規定する学校の一つで、「幼児を保育し、適当な環境を与えて、その心身の発達を助長することを目的とする」(第77条)ことになっている。学校教育法では、小学校、中学校および高等学校に、障害のある児童生徒のための特殊学級を置くことができることを規定しているが、幼稚園については、その規定はない。
　戦後、幼稚園在籍率は、年を経るにしたがって飛躍的に上昇し、最近の5歳児の在籍率(在籍者数÷該当年齢人口)は約63％になっている。保育

所のその率と合計すると、5歳児在籍率は約95%に達している。

　幼稚園在籍率の高まりに伴い、幼稚園における障害のある幼児の受け入れも次第に進んできている。昭和40年代に入ったころから、一般の幼稚園においても障害のある幼児を積極的に受け入れるべきであるとする統合教育（混合保育、共同保育、統合保育）の思潮が高まり、実際の受け入れも急速に進みつつある。障害のある幼児を一定数受け入れることを前提に、当初から積極的な統合教育をめざした幼稚園も設置されるようになっている。

　幼稚園が、障害のある幼児を何人か受け入れた場合、障害のある幼児のみのグループを編成することはあるが、学校教育法では、「幼稚園に特殊学級を置くことができること」は規定していない。

　全幼稚園のほぼ6割を占める私立幼稚園の全国組織である日本私立幼稚園連合会が、昭和49年の大会から、「障害児の保育」の分科会を設けたが、このことは、障害児問題が幼稚園においても大きな位置を占めてきたことを意味する。

　文部省は、昭和49年度から、障害のある幼児を一定数（当初は10名、その後8名、7名、5名に平成6年から3名）以上在籍させている私立（学校法人）幼稚園に対する経費補助を決めた。

　知的障害のある幼児のみを対象とする幼稚園が設置されることがある。昭和37年5月、北九州市に知的障害のある幼児を対象とする幼稚園、宗教法人「いずみの園」が誕生している（10年後の昭和46年閉鎖）。知的障害のある幼児のみを対象とした公立幼稚園として、北九州市立戸畑幼稚園などもあったが、現在は高槻市うの花養護幼稚園がある。

7．小学校・中学校特殊学級

　学校教育法では、「小学校・中学校及び高等学校には、次の児童及び生徒のために、特殊学級を置くことができる」（第75条）としている。
　　1、知的障害者
　　2、肢体不自由者
　　3、身体虚弱者
　　4、弱視者
　　5、難聴者
　　6、その他心身に故障のある者で、特殊学級において教育を行うことが
　　　適当なもの
以上のように規定されているが、高等学校には特殊学級が設置されてはいない。
　特殊学級が対象とする児童・生徒の障害の程度については、盲学校・聾学校・養護学校が対象とする児童生徒の障害の程度（学校教育法施行令第22条の3）より、軽いことになっている。
　平成10年5月1日現在、全国の小学校、中学校含めた特殊学級数は23,902学級、児童生徒数は67,974名となっている（表2－17）。

8．盲・聾・養護学校

　学校教育法では、「盲学校、聾学校又は養護学校は、それぞれ盲者（強度の弱視者を含む）又は知的障害者、肢体不自由者若しくは病弱者（身体虚弱者を含む）に対して、幼稚園、小学校、中学校又は高等学校に準ずる

教育を施し、あわせてその欠陥を補うために、必要な知識技能を授けることを目的」(第71条)としている。

　ここでいう盲者、聾者又は知的障害者、肢体不自由者若しくは病弱者の障害の程度については、表2－18のように定められている(学校教育法施行令第22条の3)。

表2－17　特殊学級及び特殊学級在籍児童生徒数－国・公・私立計－(平成10年5月1日現在　文部省「特殊教育資料」より)

	小学校		中学校		合計	
	学級数	児童数	学級数	生徒数	学級数	児童生徒数
知的障害	10,273	29,730	5,240	16,535	15,513	46,265
肢体不自由		1,548	302	519	1,123	2,067
病弱・身体虚弱	540	1,340	223	520	763	1,860
病弱・身体虚弱	86	133	20	29	106	162
難聴	316	714	132	320	448	1,034
言語障害	422	1,452	31	61	453	1,513
情緒障害	3,871	10,809	1,625	4,264	5,496	15,073
計	16,329	45,726	7,573	22,248	23,902	67,974

表2－18　学校教育法施行令第22条の3(抜粋)

区分	心身の故障の程度
盲者	一　両眼の視力が〇・一未満のもの 二　両眼の視力が〇・一以上〇・三未満のもの又は視力以外の視機能障害が高度のもののうち、点字による教育を必要とするもの又は将来点字による教育を必要とすることとなると認められるもの
聾者	一　両耳の聴力レベルが一〇〇デジベル以上のもの 二　両耳の聴力レベルが一〇〇デジベル未満六〇デジベル以上のもののうち、補聴器の使用によっても通常の話声を解することが不可能又は著しく困難な程度のもの
知的障害者	一　知的発達の遅滞の程度が中度以上のもの 二　知的発達の遅滞の程度が軽度のもののうち、社会的適応性が特に乏しいもの
肢体不自由者	一　体幹の機能の障害が体幹を支持することが不可能又は困難な程度のもの 二　上肢の機能の障害が筆記することが不可能又は困難な程度のもの 三　下肢の機能の障害が歩行することが不可能又は困難な程度のもの 四　前三号に掲げるもののほか、肢体の機能の障害がこれらと同程度以上のもの 五　肢体の機能の障害が前各号に掲げる程度に達しないものゝうち、六月以上の医学的観察指導を必要とする程度のもの
病弱者	一　慢性の胸部疾患、心臓疾患、腎臓疾患等の状態が六月以上の医療又は生活規則を必要とする程度のもの 二　身体虚弱の状態が六月以上の生活規制を必要とする程度のもの
備考	一　視力の測定は、万国式試視力表によるものとし、屈折式異常があるものについては、矯正視力によって測定する。 二　聴力の測定は、日本工業規格によるオージオメータによる。

表2-19 義務教育段階の盲・聾・養護学校及び特殊学級の現状－国・公・私立計－（平成10年5月1日現在　文部省「特殊教育資料」より）

区分			学校(級)数	児童生徒数
特殊教育諸学校		盲学校	66校	1,286
		聾学校	100	3,415
	養護学校	知的障害	465	28,087
		肢体不自由	193	12,566
		病弱	96	3,290
		小計	754	43,943
	計		918	48,644
小・中学校	特殊学級	知的障害	15513学級	46,265
		肢体不自由	1,123	2,067
		病弱・虚弱	763	1,860
		弱視	106	162
		難聴	448	1,034
		言語障害	453	1,513
		情緒障害	5,496	15,073
		計	23,902	67,974
合計			－	116,618

　盲学校、聾学校及び養護学校には、小学部及び中学部のほか、幼稚部又は高等部を置くことができることになっている（学校教育法第72条の②）。

　平成10年5月1日現在、全国の盲学校、聾学校、養護学校数は、合わせて918校であり、48,644名の児童生徒が在籍している（表2－19）。

（高倉誠一・小出進）

第3章　保育所・通園施設等での生活づくり

1．保育所・通園施設等の生活

（1）乳幼児期の生活

　乳幼児期の生活は、基本的には子どもと保護者との1対1の関係を中心として営まれる。生活の場の中心は、家庭である。生活年齢が低いほど、子どもの成長・発達における、保護者との関係を中心とした家庭での生活の位置づけ、意味づけは大きくなる。生活年齢が高くなるにしたがって、保護者以外の大人との関係、他の子どもとの関係へと、人との関わりは広がる。生活の場も集団生活の場へと徐々に広がる。

　しかし、近年、家庭の子育て能力の低下や、女性の就労機会拡大に伴う乳幼児の家庭生活の制約などが指摘され、乳幼児段階から、家庭以外の生活の場が求められるようになってきた。保育所や保健センターなどによる子育てサークルの整備や、保育所での乳児保育の拡大などがそのことを反映している。

　一方、障害のある乳幼児については、早期対応・早期教育の必要がいわれて久しい。1947年の学校教育法制定時から、盲・聾・養護学校幼稚部が就学前の教育の場として法的に認められている。1970年前後には、多様な就学前の障害幼児の教育・療育の場が整備されるようになり、今日に至っている。また、これら教育・療育の場は、家庭での障害幼児への適切な対

応を、保護者に対して助言する相談・支援の場としての役割も担っている。

したがって、今日、乳幼児期の生活は、障害の有無を問わず、保護者との関係を中心にした家庭での生活を基本としつつ、それ以外の多様な場でも営まれていると言える。障害のある乳幼児にとって、家庭以外の生活の場は、早期対応・早期教育の場、保護者への相談・支援の場として、より多様な性格をもつことにもなる。

どのような生活の場であるにせよ、そこで障害のある乳幼児が何らかの生活を営む以上は、その生活が充実・発展するよう、生活を整え、支えていくことが求められる。

障害のある乳幼児の生活の場としての施設等については、前章で紹介した。本章では、以下、その中から、保育所と通園施設等をあげ、そこでの望ましい生活づくりのありようを述べる。

(2) 保育所の生活

◆障害幼児に最適な生活に

近年の少子化に伴い、保育所総数の減少傾向とは対照的に、障害児保育を実施する保育所は増加している。今後、保育所における障害幼児の受け入れは進むものと見られる。障害幼児の生活の場として、保育所を捉え直し、保育所の生活を障害幼児にとっても最適な生活として見直すことが求められる。

保育所の生活の見直しを行うには、その生活の枠組みとして、1日の生活、1週間・1か月の生活、年間の生活などをよく理解しておく必要があ

る。以下、障害児保育の主な対象となる3歳児以上の幼児を念頭に、基本的な保育所の生活を見てみる。

◆ **1日の生活**

①登所

登所時間は、保護者の出勤時間等に応じて、幼児によって前後する。おおむね午前8時くらいから保育開始となる。延長保育（時間外保育）を実施する場合、午前7時30分前後から保育を開始する。登所した幼児から、カバン等の持ち物を所定の場所に置いたり、トイレに行ったりといった身の回りのことを済ませ、午前中の中心的活動である遊びに移行する。保育者はこの時間に連絡帳記載の確認、幼児の健康観察などを行う。

②遊び

保育所の午前中の活動の中心は、遊びである。保育所の保育方針によって、いわゆる自由遊びを中心に過ごす場合、設定保育や朝の集会などを取り入れる場合など、さまざまである。この時間内に、月に1回、週に1回などというように、リトミックや絵画・造形、体育などの時間を設定する場合もある。自由遊びの場合、幼児の属する組にかかわらず活動に取り組むことが多いが、設定保育等の場合、組ごとに活動することがある。

③昼食

おおむね午前11時30分くらいから、昼食の時間となる。トイレや着替えをし、組ごとあるいは全員での食事となる。昼食は給食であるが、完全給食としたり、副食のみの給食としたりするなど、その形態は保育所による。

④昼寝・休憩

おおむね、午後1時から3時くらいまでの約2時間程度が、昼寝の時間にあてられる。
4歳、5歳など年齢が高い幼児の場合、子どもの様子に応じて、昼寝の期間を限定したり（例えば8月までなど）、行わなかったりする場合もある。
⑤遊び

昼寝・休憩後は、遊びの時間になる。保育所によっては、午前中を自由遊び、午後を設定遊びやルールのあるゲームにあてるなどする場合がある。午後の遊びの時間の間に、おやつの時間が設けられる。
⑥降所

おおむね午後5時前後で随時、保護者の迎え等により、降所となる。それぞれに持ち物を整理し、着替え・トイレなどを済ませ、帰宅する。延長保育を実施している場合は、午後7時前後までが保育時間となる。

◆1週間の生活、月・期・年ごとの生活

①1週間の生活

保育所の1週間の生活は、多くの場合、月曜日から金曜日までは、前述した1日の生活の流れが繰り返される。午前中の時間を自由遊びを中心に展開する場合は、おおむね同じ流れで、毎日の生活が送られ、1週間の生活となる。

午前中の時間に設定保育を大きく位置づける場合、日替わりでさまざまな題材を設定し、活動に取り組む場合がある。題材を、その時期の幼児の生活の様子や興味・関心に即してに設定する場合は、子どもの生活を週ごとに検討することで、できるだけ現在の子どもの生活に即して、しかも週単位という一定期間で継続的に取り組める題材設定に心がける。

土曜日は、延長保育を行う場合以外は午後12時から午後1時くらいでの降所となる。

②月・期・年間の生活

保育所での比較的長期の生活は、月ごとの生活、期ごとの生活、年間の生活などのまとまりで計画され、展開される。

月ごとの生活では、その月に実施する行事等が計画・配列される。計画される行事等によっては、その行事への取り組みに向けた幼児の活動が、月単位で検討され、計画されることもある。例えば、月末や次月の初めに運動会が行われるような月の場合、運動会に向けての準備や練習を盛り込んだ月の生活が計画・展開されることになる。

期ごとの生活では、年間をいくつかの期に分けて保育目標を設定して、それぞれの期での生活のありようを方向づける。例えば、新しい組での生活がスタートする年度当初の期には、新しい仲間や保育所の生活に馴染むように、自由遊びを中心に生活が計画・展開される。仲間や保育所の生活に慣れてきた年度後半の期では、よりまとまりのある活動への取り組みを期待し、題材を設定した遊びが計画・展開される。幼児の生活のありようを、年間のいくつかの期でおおまかにとらえて方向づけ、月ごと、週ごと、毎日の生活へと具体化していくことになる。

また、幼児の日常生活習慣にかかわる活動を、期ごとに変化させていくこともある。例えば、年度後半の期には、5歳児の昼寝の時間を減らしたり、なくしたり、という具合に、幼児の成長・発達に即して期ごとの生活に変化をつけることもある。

年間の生活には、遠足、運動会、芋掘り、餅つきといった行事等が計画され、配列される。行事等によっては、月ごとの生活、週ごとの生活で、

一定期間継続的に関連した活動に取り組むものもあれば、その日だけの単発で行われるものもある。期ごとの生活のありよう、月ごとの生活のありようなどを考えつつ、これらの行事等が計画・配列されることになる。

（3）通園施設等の生活

◆障害幼児のみを対象とした生活の場

1979年に養護学校の義務制が実施され、ごく一部の就学猶予・免除者を除いて、障害のある就学年齢児童の日中生活する場が、盲・聾・養護学校や特殊学級など学校教育の場とされた。そのため、知的障害児通園施設をはじめとする、通園施設等は、事実上、就学前の障害幼児を主対象とする施設となった。

したがって、これら通園施設等での生活の流れは、幼児の生活の場である保育所や幼稚園の生活の流れと似たところが多い。

しかし、保育所や幼稚園が、障害のない幼児を主な対象としていることに対し、通園施設等は、障害幼児のみを対象とすることから、生活の内容に違いが生じる。通園施設等では、障害への対応を重視した生活内容が用意される場合が多い。1日の生活の一つひとつの活動に、障害の改善を意図した治療教育的活動が盛り込まれたり、集団生活を基盤としながらも、個別指導の時間が設けられたりすることがある。

通園施設等での1日の生活の流れは、例えば次のようである。

◆1日の生活
①登園

保育所等と違い、通園児の居住範囲が広く、園バスで送迎を行うことが多い。その場合、登園時間は、おおむね午前10時前後となる。通園施設等によっては、登園時のバスの中でも、バス利用時のマナー等を指導内容として明確にし、指導に当たる場合がある。

　登園した幼児の身の回りのことにかかわる朝の活動は、保育所等の場合と、ほぼ同様であるが、基本的生活習慣の確立を意図して、用便や着替えなどに時間をかけ、手厚く指導を行う。

　②「朝の会」

　登園後、身の回りのことなどを済ませると、「朝の会」などの集会が行われる場合がある。
そこには、ダンスや歌などのプログラムが盛り込まれる。これら「朝の会」の活動は、障害幼児の運動機能の向上、感覚器官の発達を促すことを意図して計画されることが多い。

　③遊び・課題別活動等

　「朝の会」を終えた後の、午前中の10時30分前後から、午前中の中心的活動となる。通園施設等では、午後2時前後に降園となることが多いので、午前中のこの時間帯が1日の生活の中心となる時間でもある。

　この時間では、遊びを中心とした活動が展開されるが、保育所等での自由遊びとは異なり、「リズム遊び」「運動遊び」といった運動機能の向上や感覚器官の発達を促すための活動が展開されることが多い。一人ひとりの障害に応じて個別に課題を設定した課題別活動や個別指導といった活動が計画されることもある。

　④昼食・休憩

　保育所等と同様、おおむね午前11時30分くらいから、昼食の時間とな

る。トイレや着替えをし、組ごとあるいは全員での食事となる。食事にかかわる技能の習得や、歯磨きなどの基本的生活習慣の確立を意図した指導が行われる場でもある。

　⑤遊び・課題別活動等

　午後1時頃から降園準備の時間まで、1時間程度を遊び・課題別活動等にあてる。

　⑥降園

　おおむね午後2時前後で降園とする場合が多い。それぞれに持ち物を整理し、着替え・トイレなどを済ませ、降園となる。

◆1週間の生活、月・年ごとの生活

　1週間の生活、月・年ごとの生活は、保育所と同様に、前述した1日の生活の流れを繰り返すことを基本に計画・展開される。その上で、時期ごとの行事や、行事に向けた活動が計画・展開される。

　通園施設等では、機能訓練等の治療的対応の時間が、週に数回、月に数回というように計画・展開されることがある。これら治療的対応の時間では、入園児以外に外来の障害幼児が加わることもある。

2．遊びを中心にした生活づくり

(1) 遊びの教育的価値

◆それ自体のために行い、それ自体を楽しむ活動

　子どもにとって、遊びとは「それ自体のために行い、それ自体を楽しむ

活動」と考えられる。すなわち、子どもが、よく遊んでいるならば、そこでは、子どもが主体的に活動し、主体的な活動を楽しむ姿が実現されていると考えられるのである。子どもが生活の中で、主体的に活動し、主体的な活動を存分に享受できることに、遊びの高い教育的価値がある。

◆遊びそのものの充実・発展

　遊びを教育活動として位置づけ、展開する場合、遊びそのものの充実・発展を意図するのか、遊びの中で知的能力や感覚機能、社会性などの発達を意図するのか、といった二つの考え方がある。前者の場合、子どもにとって、その取り組む遊びがより楽しいものとなるような工夫や配慮など、楽しく遊べる状況づくりが、保育者や教師の具体的な役割となる。後者の場合、遊びの中に、いかに知的内容を盛り込み、それを効果的に習得できるようにするかというような努力が払われる。

　遊びを、前述のように「それ自体のために行い、それ自体を楽しむ活動」と考えるのであるならば、遊びそのものの充実・発展をより意図して遊びを計画・展開したい。遊びそのものの充実・発展を意図するならば、それはどこまでも「それ自体のために行い、それ自体を楽しむ」遊びの充実・発展を図ることとして徹底していくことが可能である。しかし、遊びの中で、例えば知的能力等の発達をことさらに意識すると、「遊びを手段にして発達を促す」という傾向が強まり、「それ自体のために行う」という遊びの意味づけが弱体化することにつながる。実際に、知的能力等の習得を意図した遊びでは、活動自体にどれほどおもしろ味があったとしても、習得に必要な課題の遂行を子どもが意識してしまい、遊びをそれ自体として主体的に楽しむということになりにくい。

第3章　保育所・通園施設等での生活づくり

遊びを教育活動として位置づけるならば、何より、主体的活動としての遊びのよさを最大限に実現していくことを大切にしたい。

◆**主体的に遊ぶ姿**

遊びに主体的に取り組む姿には、さまざまな側面がある。例えば、次のような姿が主体的に遊ぶ姿として捉えられる。

「見通しをもって遊ぶ」「自分から遊ぶ」「自分で遊ぶ」「繰り返し遊ぶ」「意欲的に遊ぶ」「没頭して遊ぶ」「遊具を上手に使って遊ぶ」「工夫して遊ぶ」「いろいろな遊具で遊ぶ」「仲間と関わって遊ぶ」「精いっぱい遊ぶ」「遊んで満足感・成就感を味わう」など。

これらの主体的に遊ぶ姿が、その子なりに実現できることを願い、主体的に遊べる状況づくりに努める。

この、子どもにとっての主体的活動としての遊びの教育的価値は、幼児教育の場においても、障害教育の場においても、それぞれの教育思想・実践の発展過程で大切にされてきた。

（2）幼児教育の中での遊び

◆**教育活動としての位置づけ**

幼児教育の場で、遊びが大切にされることは、次のような記述から知ることができる。

保育所の保育に関する基準を示した「保育所保育指針」（1999年告示）では、「総則」で、「子どもが自発的、意欲的に関われるような環境の構成と、そこにおける子どもの主体的な活動を大切にし、乳幼児期にふさわしい体

験が得られるように遊びを通して総合的に保育を行うこと」としている。幼稚園の教育課程の基準である「幼稚園教育要領」(1998年告示)でも、その「総則」において、「幼児の自発的な活動としての遊びは、心身の調和のとれた発達の基礎を培う重要な学習であることを考慮して、遊びを通しての指導を中心として（後略）」と述べられる。保育所や幼稚園など幼児教育の場では、子どもにとっての主体的活動としての「遊び」が大切にされ、大きく位置づけられている。

◆遊びの歴史

　幼児教育の場で遊びを教育活動とすることは、国内初の幼稚園である東京女子師範学校附属幼稚園（1876年開園）の実践にさかのぼることができる。ただし、当初は、遊びを通して、知的能力や感覚器官の発達を促したり、情操を養ったりすることが重視され、遊び自体を楽しむということでは必ずしもなかった。

　このように実践されてきた遊びの不自然さを認識し、子どもにとって自由で主体的・自発的な活動としての遊びを、教育活動の中心として、また子どもの生活活動の中心として明確に位置づけたのは、倉橋惣三である。倉橋惣三は、1917年、東京女子高等師範学校附属幼稚園主事（現在でいう園長）着任後、子どもの自由と主体性を大切にした遊びを、幼稚園の生活の中心に位置づけ、実践した。そこでは、遊びは、子どもの生活の中心的活動として大切にされた。倉橋惣三の思想は、前述の「幼稚園教育要領」や「保育所保育指針」に引き継がれ、今日の幼児教育で子どもの主体的活動としての遊びを大切にする思想の基盤となっている。

第3章　保育所・通園施設等での生活づくり

（3）障害教育の中での遊び

◆教育活動としての位置づけ

　障害教育における教育課程の基準である「盲学校、聾学校及び養護学校小学部・中学部学習指導要領」の解説として1983年に刊行された「特殊教育諸学校学習指導要領解説－養護学校（精神薄弱教育）編－」には、「遊びの指導」という言い方で、遊びが指導の形態として示されている。そこでは、「遊びの指導は、遊びを学習活動の中心にすえて、身体活動を活発にし、仲間とのかかわりを促し、意欲的な活動を育てていくものである」と規定されている。

◆遊びの歴史

　障害教育、特に知的障害教育の場では、戦後当初より、子どもの総合的な生活活動を教育活動として大きく位置づける生活中心の教育方法が指向され、具体化されていった。各教科等の枠組みにとらわれることなく、子どもが主体的に取り組める製作活動や作業活動を中心に教育が展開された。

　1960年代後半になると、障害教育の実践現場では、子どもの障害の重度化・重複化が現実的な問題として提起されるようになった。その過程で、主に小学段階の子どもへの教育活動として、遊びが重視され、大きく位置づけられるようになった。これまで、学校教育の場では、教育活動とは見なされにくかった遊びを、障害の重い子どもであっても、主体的に取り組める生活活動として見直し、積極的に教育活動として位置づけていったのである。今日、障害教育の特に小学段階では、遊びが教育活動として大き

く位置づけられている。

（4）テーマに沿って遊ぶ生活

◆遊ぶ生活に目当てや見通しを

　子どもたちが主体的に遊べる状況づくりとして、テーマに沿って遊ぶ生活を計画する。

　子どもが保育所等に来ても、そこで何をしたらよいのかがわからなければ、主体的な生活にはなりにくい。保育者の指示を待ち、指示に従って活動に入ることになる。遊ぶ場面でも、何をして遊んだらよいのかわからなければ、自分から遊び始めることはできにくい。保育所等での生活の中心的活動である遊びについて、子どもが「保育所に行ったら〇〇をして遊ぼう」という目当てや見通しをもっていれば、登所してからの身の回りの準備などが手際よく行え、遊びにも自分からスムーズに入っていくことができる。

　「保育所に行ったら〇〇をして遊ぼう」というような、子どもにとっての遊ぶ生活への目当てや見通しが、遊ぶ生活のテーマになる。前述した保育所等での生活場面で中心的活動となる午前中の遊び場面では、自由遊びの他、劇や製作活動など一斉的な活動も遊びの中で計画・展開されることがある。いずれの活動であっても、「子どもがそれ自体のために行い、それ自体を楽しむ活動」として展開することを期待するのであれば、目当てや見通しをもって取り組める状況が必要となる。

　遊ぶ生活のテーマが、子どもの主体的生活をよりよく実現するためには、次のような条件を満たしていることが望ましい。

第3章　保育所・通園施設等での生活づくり

◆**子どもの思いに即したテーマ**
　子どもが主体的に取り組める生活のテーマは、何より、子どもが楽しみにし、期待するテーマでなくてはならない。子どもの現在の生活の中で魅力的なテーマでなければならない。そのためには、その時期の子どもの興味や関心などに即したテーマである必要がある。子どもの思いに即したテーマである必要がある。
　保育者が、「明日は楽器遊びをしましょう」と言っても、子どもの関心が、その時期、戸外でのボール遊びに強く向いているならば、主体的な活動につながるテーマになりにくい。この場合、「明日はドッヂボールをしよう」というテーマであれば、子どもたちが目当てや見通し、期待感をもちやすい。
　また、子どもの生活感覚からはとても出てこないような大人の生活感覚、大人の思いを反映したテーマでは、子どもには意識しにくい。例えば、秋のある日、「お月見をしよう」と声をかけても、今日ほとんどの家庭で月見をしていない現実の下では、子どもにとって期待感をもって主体的に取り組めるテーマとはなりにくい。
　また、逆にその時期の子どもの生活上の興味や関心のうちに必ずしもないようなテーマであっても、これまでの子どもの生活経験や様子から保育者が判断して投げかけることで、新しい目当てや見通しにつながり、意欲的な取り組みが期待できるテーマもあり得る。ある朝、子どもが登所してきたとき、所庭に1羽のウサギがいれば、そこから「ウサギ小屋を作ろう」「ウサギを飼おう」などのテーマに沿った生活が始まることもある。

◆活動に即して意識しやすいテーマ

　子どもがテーマに沿った活動を積み重ねる過程で、そのテーマ自体を自然と意識できれば、テーマ意識がより明確になる。より明確にテーマが意識できれば、その活動はより意欲的になり、具体的でわかりやすいものにもなる。したがって、テーマ設定段階から、活動に即して意識しやすいテーマ設定に心がける。

　子どもが活動に取り組む場合に、掲げられたテーマと実際の活動の中身が結びつきにくいならば、そのテーマは、子どもにとって活動への目当てや見通しにつながるテーマにはなりにくい。例えば、冬の寒い時期、「寒さを吹き飛ばそう」というテーマを掲げ、毎朝、マラソンを中心にした体力作りに取り組む。この場合、子どもにとって活動の中心がマラソンであるならば、「マラソン頑張ろう」といったテーマのほうが子どもには具体的で、意識しやすい言い方になる。

　1月のある時期、5歳児の子どもたちに「保育所の生活のまとめをしよう」と声をかけても、子どもには何をしたらよいのかわかりにくい。このテーマの下で、卒園制作、アルバム作り、お別れ音楽会など、いろいろな活動が盛り込まれても、活動が散発的になり、テーマ意識にもつながりにくい。この場合、「お別れ音楽会」というようにテーマを絞り込み、会に向けた演奏やオペレッタの準備を中心に活動したほうが、「音楽会」というテーマに向けた生活のまとまりができ、卒園を意識しやすい生活になる。その上で、折々に卒園制作やアルバム作りなどの活動も盛り込んでいけば、自然な形で卒園をより意識しやすくなる。

　また、「プール」や「運動会」のように毎年、繰り返し行っていることなどをテーマとすれば、そのテーマ意識ももちやすくなる。

第3章　保育所・通園施設等での生活づくり

◆**できる活動に結び付くテーマ**

　子どもの思いに即したテーマ、意識しやすいテーマであっても、そのテーマに沿った活動に子どもが主体的に取り組みにくければ、実際的な生活のテーマにはなりにくい。結果的にやり遂げたとしても、満足感・成就感に乏しい生活になりかねない。

　テーマを設定する場合、そのテーマに沿った生活の中に、子どもができる活動、取り組める活動が適切に用意できるかを検討する必要がある。

　子どもの生活実態や発達、障害などから見て、あまりに難度の高い活動が要求されるテーマは、子どもの生活のテーマとしてふさわしいものとは考えにくい。

　例えば、「劇をしよう」と言っても、その劇で子どもが担う役割のセリフ回しが難しかったりすれば、それはその子どもにとって取り組める活動とは言いにくい。数十分の劇で出番はセリフ一言というのも、存分な取り組みにはならない。「ウサギ小屋を作ろう」と言っても、鋸や金槌など、必要な道具を上手に使えない状況下では、子どもの思いを満たすようなウサギ小屋を作ることは期待しにくい。

　ただし、活動の難度が高くなることが予想されるテーマであっても、何らかの手立てを講じることで、子どもにも取り組める活動となる場合は多い。劇活動であっても、ストーリーを簡略化するなどアレンジし、子どもに取り組める台本をつくれば、「劇をしよう」というテーマに沿った活動が期待できる。ウサギ小屋作りも、子どもに作りやすい工法や、扱いやすい素材や道具・補助具を工夫すれば、テーマに沿った生活に主体的に取り組めるようになる。

そのテーマが子どもの思いに即したテーマであるならば、なるべく、必要な手立てを講じて、その生活を実現したい。

◆一定期間の継続が期待できるテーマ
　テーマに沿った生活が数日間から数週間にわたって継続すれば、子どもの生活は、日毎に満足感を覚え、明日に期待感をもてる生活として充実していく。「今日の〇〇は楽しかった。明日もまたやろう」という思いで1日を終え、翌日には「今日も〇〇が楽しみ」と張り切って登所してくることができる。
　例えば小学校の日課のように、毎日の生活の中身が日替わりで変わっていく場合だと、今日取り組んだ活動と明日取り組む活動が異なることになり、その日の満足感が翌日への期待感につながらない。保育所等の生活は、基本的に日替わりではなく、一定の生活が繰り返されるので、テーマに沿った生活を継続することが容易である。
　テーマに沿った生活が一定期間、毎日繰り返されれば、テーマに沿った活動に満足し、期待する生活の実現が容易になる。こうする中で、テーマ意識がより明確になり、活動への取り組みもより主体的になっていく。
　一定期間、一定のテーマに沿って取り組む生活は、生活自体としてもまとまりのある生活となる。例えば、夏の数週間、プール遊びを毎日繰り返せば、子どもたちは毎日、プールに満足し、プールを楽しみにする生活となる。その時期は、プール遊びというテーマでまとまりができるのである。
　したがって、テーマに沿った生活を積み重ねることで、日毎に生活が充実し、しかも、その時期の生活にまとまりができることを願うならば、生

活のテーマは、一定期間の継続が期待できるものがよい。

◆活動に発展が期待できるテーマ

さらに、テーマに沿った生活を繰り返す生活が、日を追うごとに発展していくことが望ましい。そのために、一定期間のテーマに沿った生活の過程で、折々に活動にアクセントをつけ、その時期の生活に発展を図る。例えば、プール遊びに取り組む生活の2週目、プールに新たにゴムボートやビーチボールなどが登場すれば、これまでしていた遊びとはまた違った遊びへと遊びの広がりが期待できる。子どものプール遊びは前週よりもより楽しいものになっていく。また、プール遊びの時期の終盤に、所外の市民プールなど広くて施設も充実したプールで思いっきり遊んだりすれば、より存分にプール遊びを楽しんで締めくくることができる。

一定期間、テーマに沿った活動を繰り返しながら、活動にアクセントをつけることで、その楽しみが広がり、発展していく。

◆仲間と共に取り組めるテーマ

保育所等での生活は、仲間との集団生活が基本となる。集団生活である以上、どの子も共通のテーマをもって仲間と共に取り組める活動が、無理なく実現することを期待したい。

子どもたちがそれぞれに目当てや見通しをもって思い思いに遊んでいる場合、その過程で共通の目当てや見通しをもった何人かの子ども同士が自然に関わり、活動を共有していくことがある。そのような自然な目当て・見通しの共有、活動の共有は尊重されるべきだが、もし、特定の子ども同士だけでなく、どの子も共有できるようなテーマがあれば、そのテーマに

沿った仲間との集団生活は、よりまとまり、多様な関わりのある生活として深めていくことができる。

　子ども一人ひとりがそれぞれに目当てや見通しをもって思い思いに遊んでいる場面では、ともすると、障害のある子どもの活動は、消極的ないし否定的に見られることがある。他の子どもが、所庭で固定遊具やボール遊びなどで楽しんでいる中で、障害のあるA君だけが、フェンス沿いを行ったり来たりしている。この場合、A君にとっては、A君なりの目当てをもってしている活動だとしても、他の大多数の子どもたちの活動と比べて、「友だちと一緒に遊べない」「友だちとの関わりがもてない」と見られかねない。A君なりの目当て・見通しとそれに基づいてとられる活動と、他の子どもの目当て・見通しと活動に、関係性や共通性を見出しにくいからである。障害のある子どもと他の子どもが共通のテーマの下で活動できれば、それぞれが思い思いに活動する良さを発揮しつつ、しかも両者の違いが目立たないまとまりのある生活が実現できる。

　例えば、一人で三輪車に乗って、ひたすら所庭を走ることに没頭するB君。このB君がもっと楽しめるようにと、「三輪車コースで遊ぼう」というようなテーマを掲げ、所庭にサーキットコースを作る。その時、コース上に、他の子どもも楽しめるようにスロープや「駅」などを設置すれば、B君一人がただ三輪車を走らせているだけでなく、他の子どももそれなりに三輪車遊びを楽しめる活動となる。三輪車で遊ぶという共通のテーマの下で他の子どもも共に遊ぶ場ができあがり、B君がこれまで思い思いにしてきた三輪車遊びも孤立して遊んでいるものではなくなる。場や活動を共有しているので、子ども同士の自然な関わりも期待できる。

（5）場の設定・遊具等の工夫

◆どの子どもも主体的に遊べる状況づくり

　子どもの思いに即したテーマが掲げられ、それに基づく活動が計画される段階で、これらの活動に、どの子どももより主体的に遊べるよう、遊び場・活動の場の設定や、遊具等の工夫を図る。

　場の設定や遊具等の工夫を通して、「見通しをもって遊ぶ」「自分から遊ぶ」「自分で遊ぶ」「繰り返し遊ぶ」「意欲的に遊ぶ」「没頭して遊ぶ」「遊具を上手に使って遊ぶ」「工夫して遊ぶ」「いろいろな遊具で遊ぶ」「仲間と関わって遊ぶ」「精いっぱい遊ぶ」「遊んで満足感・成就感を味わう」などの姿が一人ひとりの子どもに実現することに心がける。

◆遊び場・活動の場の設定

①存分に活動できる場の設定

　「アスレチックで遊ぼう」など、遊び場を設定して遊び込むことをテーマにする遊びでは、どの子も存分に遊べるようにしたい。そのために、なるべく遊具を設定する場を広く取り、可能な限り、規模を大きくする。所庭のなるべく広い場に設定するようにしたり、屋内であれば、遊戯室等の比較的広い空間いっぱいに設定したりする。広めに設定した場で、人気のある遊具や遊びは、複数設定したりする。

　設定の場が狭いと、個々の遊びの動きが小さくなったり、子ども同士の活動が錯綜したりして、子どもたちが体を存分に使って遊べる状況がつくりにくい。遊具の数も制限され、特に人気の遊具や遊びでは、待ち時間が長くなったりして、存分に遊べる状況になりにくい。障害のある子どもの

場合、待つことができず、結局遊べずじまいになることもある。遊びたい遊具ですぐに遊べれば、遊びが繰り返され、活動に見通しをもちやすくなる。

　工作等を取り入れて作って楽しむ活動をテーマにする場合は、机の配置や大きさ、道具置き場等の配置を工夫し、一人ひとりの製作の場が重なり合わないようにしたりする。子どもが道具を取りに行きやすいよう動線を一定にしたり、道具置き場を一定の場所に決めておいたりして、活動しやすい場を考える。

　②テーマを意識しやすい場の設定

　その場に行けば、「〇〇をするんだ」ということがわかりやすく、活動への期待感も高まるような場の設定に心がける。

　「〇〇で遊ぼう」というテーマのように、メインの遊具や遊び方が「〇〇」（例えば、「すべり台」）と明確な場合、そのメインの遊具ないし遊びを場の中央に設定したりする。こうして、その場での中心的活動がわかりやすくする。その上で、どの遊具からもメインの遊具・遊びに行きやすかったり、メインの遊具・遊びの様子を見やすかったりするように、他の遊具等を設定する。すべり台での遊びをメインにする場合、まず、すべり台を中央に設定し、それに平均台やはしご登りなどの遊具をつなげて設定したりする。こうすることで、テーマに沿ったメインの遊具・遊びを、どの子も意識しやすくなる。一つの遊具で遊び終わった後に、すぐ次の遊具で遊べるように、それぞれの遊具を配置すれば、遊びが広がり、遊びとしてのまとまりもできる。

　また、遊び場には、テーマに沿った遊具・遊びをなるべく多く用意する。すべり台も、幅の広いもの、さまざまな勾配のもの、大きいもの小さいも

のなど、いろいろ設定すれば、テーマに沿ったまとまりのある場ができあがる。反対に同じ場に、そこでの遊びのテーマに関係のない遊具等は置かないようにする。室内の遊戯室等で、「アスレチック」等を設定して遊ぼうとする場合、その場に絵本等は置かないほうがよい。遊具等を整理し、テーマを意識しやすい場づくりを行う。

　テーマに沿った遊び場の設定と遊びの展開例を図3－1、図3－2に示す。

　作って楽しむ活動をテーマにする場合、個々に製作に当たる場合は、例えば、それぞれの子どもが、お互いの進行状況を見やすいように、机を丸く配置したりして、共通のテーマで活動していることをわかりやすくする。共同で一つのものを作っている場合は、そのものを場の中央に置くなどして、やはりお互いに一つのものを作っているということをわかりやすくする。

　劇や合奏などを楽しむことをテーマに練習に取り組む場合でも、なるべく本番と同じ場の設定で取り組むことで、テーマを意識しやすくする。例えば、早い時期から、ストーリーをイメージしやすいよう、メインになる大道具を決まった場所に配置するなどして練習するようにすれば、劇への期待感や臨場感が高まる。保育室等で練習をする場合など、ただイスや机をどかして、「ここにお城があるから」と場を説明しても、特に知的な障害のある子どもでは、その子にとっての劇のイメージはつくりにくい。

③多様な種類の遊具・遊びの設定

　設定された遊び場ないし活動の場では、どの子も他の子どもと場を一緒にして、主体的に取り組むことを願う。そこで、一人ひとりに合わせて多様な種類の遊具・遊びを、場に設定する。

　遊び場を設定して遊ぶ場合では、子ども一人ひとりに、「この遊具があ

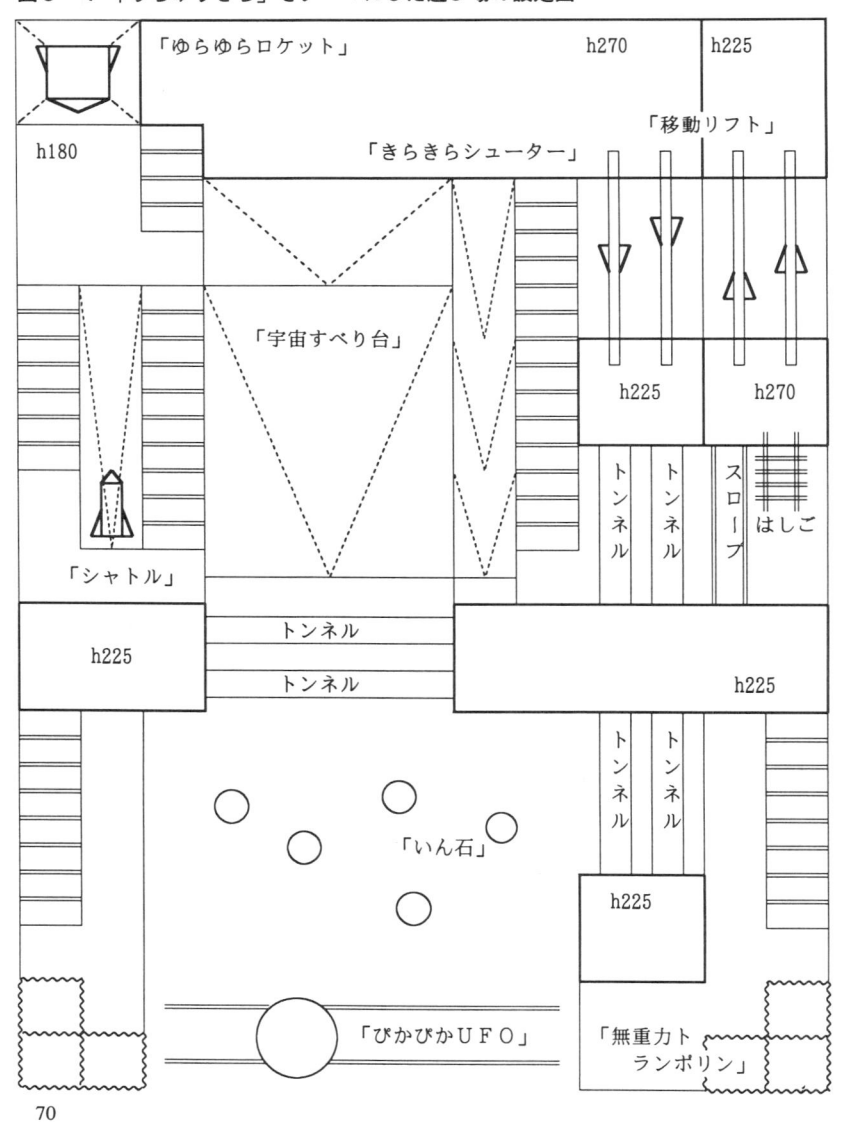

図3－1 「うちゅうきち」をテーマにした遊び場の設定図

第3章　保育所・通園施設等での生活づくり

図3-2　「うちゅうきち」をテーマにした遊びの展開

時配	子どもの活動	支援上の留意点	遊具等
50	○「うちゅうきち」で遊ぶ。	・遊具や場の安全を確認して、遊び場を整えておき、すぐに遊び始められるようにしておく。 ・様子を見て声をかけたり、誘ったりして、遊び場にきた子どもから、遊び始められるようにする。 ・子どもたちと一緒に遊びながら、遊びを支援し、安全に留意するようにする。 ・BGMを流したり、装飾を工夫したりしておき、楽しい雰囲気の中で遊べるようにする。	BGM
	・「宇宙すべり台」で遊ぶ。	・友だちや教師と並んだり、連なったりして滑り、楽しく遊ぶようにする。 ・「ロケットボード」を用意し、よりスピード感のある滑り心地を楽しんだり、友だちや教師と一緒に乗って滑ったりして、遊ぶようにする。 ・腹ばいで滑ったり、斜面を駆け上ったりして、楽しく遊ぶようにする。時には、追いかけっこをしながら、より楽しく遊べるようにする。	「宇宙すべり台」 「ロケットボード」
	・「きらきらシューター」で遊ぶ。	・連なって滑ったり、手をつないで滑ったりしてより楽しく遊ぶようにする。	「きらきらシューター」
	・「移動リフト」で遊ぶ。	・並べて設置しておき、競争したり、追いかけっこなどをしたりして、より楽しく遊ぶようにする。 ・リフトにロープを付けておき、自分から引き寄せて繰り返し遊べるようにする。 ・すれ違う時に、手を振ったり、友だちの名前を呼んだりして楽しく遊ぶようにする。	「移動リフト」
	・「ゆらゆらロケット」で遊ぶ。	・時には一緒に乗り、大きく揺らしたり、小刻みに揺らしたりして、より楽しく遊ぶようにする。	「ゆらゆらロケット」
	・「ぴかぴかUFO」で遊ぶ。	・自分で動かして遊べるように、「UFO」を軽くしたり、ロープを付けたりしておく。 ・数人で乗れる大きさにし、友だちや教師と一緒に楽しく遊べるようにする。	「ぴかぴかUFO」
	・「シャトル」で遊ぶ。	・スイッチを自分で操作したり、友だちと一緒に乗ったりして、楽しく遊べるようにする。	「シャトル」
	・「無重力トランポリン」で遊ぶ。	・時には大きくジャンプして、隣のネットに跳び移ったり、ネット上を駆け抜けたりするなどして、より楽しく遊ぶようにする。	「無重力トランポリン」
		・BGMを変えて、終わりの合図となるようにする。	

るから、A君も楽しめる」「この遊具はB君のため」という遊具なり遊びを設定するようにする。その場に来れば、どの子も必ず楽しめる、というものを用意する。

　ただし、このような視点で、遊具や遊びを用意しようとすると、子どもの好きな遊びが、遊びのテーマに必ずしも沿わないことがある。例えば、「すべり台で遊ぼう」というテーマで遊ぶ生活を考えた場合、すべり台を好まない子どもがいる場合などがある。その場合、次の三つの対応が考えられる。

　一つには、すべり台をその子に合わせて用意すること。もし、勾配を怖がる子どもであれば、緩傾斜のすべり台を設置してみる。

　二つには、例えば、その子の好きな遊具をすべり台に近づけて設置するなどして、他の子どもと離れて活動するというような状況を軽減する。その場合、テーマも「すべり台で遊ぼう」でなく、「すべり台ランドで遊ぼう」のようにして、すべり台そのもので遊ぶだけでなく、すべり台を中心とした場で遊ぶというくらいの幅をもたせたテーマにする。

　三つには、テーマそのものを見直す。テーマの設定は、できる活動があることを前提になされるので、前述の二つのいずれでも対応が困難であれば、「アスレチックで遊ぼう」というような、多様な遊具が用意できる幅の広いテーマ設定をして、場全体を見直す。

◆遊具等の工夫
①自分で遊べるように
好きな遊びに、できるだけ自分の力で遊べるよう遊具等を工夫する。
　例えば、鉄棒で遊びたいと思っても、身長に対して鉄棒が高すぎれば、

自分一人では遊びにくい。そこで、簡単な足台を用意しておけば、保育者がそばで体を抱えてあげなくても一人で鉄棒を楽しめる。アスレチックで平均台を渡ってみたくても、一人ではまだうまくバランスをとれなければ、平均台の横に手すりになるロープを張っておけば保育者が手を添えなくても、一人で渡れる。ターザンブランコに乗っても、降りた後自分で引き戻せなくては一人では遊びにくい。そこで、ターザンブランコの座板を軽量化したりして、子どもの力でも容易に出発点に引き戻せるようにする。

作って楽しむ活動でも、道具等を一人ひとりに合わせて用意し、自分の力で活動を遂行できるようにする。はさみを上手に使えないならば、子どもの手の大きさに合わせたはさみを用意してみる、切る紙が安定するように紙を押さえる補助具を工夫してみる、はさみ以外の道具（カッターや裁断機）の使用を検討してみる、などの対応をする。

このように、個々の遊具等を見直し、保育者等の手助けを最小限にして、自分の力で楽しく活動できる工夫をする。

②より楽しく遊べるように

子ども一人ひとりの様子に合わせて遊具や遊び方に工夫をすることで、その遊びが深まったり、他の遊びへと広がったりと、より楽しく遊べる状況づくりをする。

例えば、すべり台を滑り降りたところに、ボールをたくさん集めたボールプールを作っておけば、滑り降りる楽しみが増す。ソリや段ボールに乗って滑るようにすれば、スピード感が増し、よりスリルを味わって滑れる。三輪車の後ろに箱車を連結させれば、トラック遊び等に遊びが広がる。ジャングルジムの上からロープをぶら下げたり、はしごをかけたりすれば、上り下りの楽しみ方が広がる。遊具の装飾やＢＧＭを工夫するだけ

でも、遊びの楽しみが増すこともある。
　③繰り返し遊べるように
　気に入った遊びに繰り返し、没頭して取り組む姿を期待して、遊具等を工夫する。
　スリル満点のアスレチックコースを無事渡りきって、さあもう1回、とスタート地点に戻ってみると、そこは長蛇の列。これでは、繰り返し遊べる状況にはなりにくい。根気よく列に並んで次の機会を待っても、アスレチックで遊ぶ時間より待ち時間のほうが長いようでは、存分に遊べる状況とも言いがたい。そこで、アスレチックコースを複線化したり、複数作ったりして、一度に何人でも遊べるようにすれば、待ち時間が少なくなり、繰り返し遊べる状況ができる。
　障害のある子どもの場合、例えば、アスレチックコースで遊ぶようなときに、他の子どもに比べ、ペースが遅れがちになることがある。そのため、他の子どもたちの遊びのペースに乗れなかったり、その遊び全体が滞ったりすることがある。そのため、結果的に他の子どもと同じ場で遊びにくくなることにもなりかねない。コースを複線化したり、複数設定したりすれば、それぞれのペースで、一緒に遊べる可能性が広がる。
　④仲間と関わって遊べるように
　一人ひとりが存分に活動しながら、しかも自然な関わりがもてることを期待する。前述のアスレチックコースの複線化等もそのための遊具等の工夫の一つである。
　また、すべり台ならば、一人用のすべり台よりも、幅広のすべり台のほうが友だちと一緒に滑ったり、一緒に滑面を駆け上ったりという遊びがで

きる。一人用のすべり台、幅広すべり台それぞれに楽しみ方の違いがあるが、一緒に遊ぶという遊びを期待するならば、幅広すべり台は有効な遊具である。

三輪車も一人乗りより、二人乗りであれば、友だち同士の遊びが広がる。それぞれの三輪車で大きさや扱いやすさに違いがあるが、一人乗り三輪車で遊んでいる子が二人乗り三輪車を扱うことができて、友だちと一緒に遊ぶ姿を期待できそうならば、二人乗り三輪車に誘いかけてみるのもよい。

（6）共に活動しながらの支援

◆共に活動しながらさりげない支援

子どもたちが、テーマに沿った生活に取り組む中で、保育者もまた同じテーマを共有する、共に生活する仲間でありたい。

遊び場で遊ぶことがテーマであれば、保育者も存分に遊び、作って楽しむことがテーマであれば、保育者も製作活動に共に取り組む。劇や合奏を楽しむことがテーマであれば、保育者もその中で何らかの役割を担って取り組むことになる。

保育者と子どもの関係が、「指導する・される」関係では、子どもの主体的活動は期待しにくい。テーマを共有し、共に活動する生活の場での保育者と子どもの関係は、「指導する・される」関係より、共に生活する仲間としての関係であるべきである。子どもが思いっきり遊んでいる場面で、保育者が運動技能を高めることや集団のルールを守ることなどの指導に汲々としていては、子どもの遊びはシラけてしまう。子どもは、何より、

一緒に遊ぶ仲間としての保育者を望んでいる。
　保育者と子どもの関係が「指導する・される」関係にならざるを得ないような活動であるなら、活動そのもの、また、その生活のテーマそのものを見直す必要がある。
　保育者は、子どもと共に活動することを前提にして、その中でさりげない支援的対応をしていくことになる。子どもと共に活動することで、共感関係が深まり、子どもの思いに沿った支援が、より適確に講じられるようにもなる。

◆存分に活動できる状況づくり
　場の設定や遊具等の工夫をし、子どもが存分に活動できる状況をつくった上で、さらに保育者は、共に活動しながら臨機応変に、より存分に活動できる状況づくりに心がける。
　前述の例のように、アスレチックの平均台を渡るときに、手すりを用意して一人で渡れるようにする。それでも上手に渡ることが難しい場合、安定して渡れるように、そばで手を添える。この場合も、平均台の横に立って手を添えるよりは、できれば保育者も一緒にアスレチックコースを進み、平均台を一緒に渡りながら手を添えたほうが共同的であり、自然である。
　また、遊び場から離れてしまった子どもへの対応では、様子を見て、さりげなく誘いかけ、誘いかけに応じたら、まず一緒に遊んで、遊びのペースを取り戻しやすくするなどの支援をする。一つの遊びに長時間没頭している子どもに、他の遊びへの広がりを期待して誘いかける場合も、一緒に遊ぶ流れの中で、「次は、あっちにも行ってみようよ」とさりげなく声を

かけるのが自然な対応である。

　作って楽しむ活動でも、一緒に製作活動に取り組みながら、さりげなく、必要な手助けをしたり、声をかけたりしていく。劇や合奏などに取り組む場合も、同様である。

◆友だち同士で遊べる仲立ち

　障害のある子どもの中には、他の子どもたちとは遊ばずに、もっぱら一人で活動している子どもがいる。その事情は、一人ひとりの子どもによってさまざまである。「一人遊びを好む子」「他の子どもとの関わりに関心をもたない子」「他の子どもがそばにいたり、大勢の中で活動したりすることを嫌う子」「他の子どもたちと一緒に遊びたいけれど自分からうまく関われない子」「遊びのペースが合わなかったり、他の子どもをたたいてしまったりして敬遠されてしまった子」など。

　これらの子どもへの対応として、保育者が一緒に活動する中で、友だち同士での自然な関わりのきっかけがつくられることがある。

　「一人遊びを好む子」「他の子どもとの関わりに関心をもたない子」「他の子どもがそばにいたり、大勢の中で活動したりすることを嫌う子」などの場合、保育者が子どものペースに合わせて遊ぶようにする過程で、その保育者とは遊ぶ仲間としての関係ができあがることが多い。そうして、1対1の関係で遊んでいると、他の子どもが保育者に関心をもって近づいてくることがある。ここから、保育者への関心だけでなく、1対1で保育者と遊んでいる子どもとの関係に広がっていくことが期待できる場合がある。また、障害のある子どもとの1対1の関係ができれば、保育者が、その子どもを徐々に他の子どもの遊んでいる場へと誘いかけることも容易に

なる。

　「他の子どもたちと一緒に遊びたいけれど自分からうまく関われない子」「遊びのペースが合わなかったり、他の子どもをたたいてしまったりして敬遠されてしまった子」などの場合、保育者が、「仲間に入れて」と仲立ちをすることで、他の子どもたちとの遊びに加わることができる。その後で、ペースの遅れを保育者が補うなど、遊びのペースの違いを軽減することや、たたいたりする場面を予測して未然に防げるような状況設定を工夫することなどが、共に活動しながらの、保育者の主たる対応となる。

　障害のある子と保育者が１対１で活動することは、ともすると、「A先生は、B君の先生」というような意識を他の子どもや、時には他の保育者にも生じさせることが懸念される。１対１の関係が安易に継続された場合、このような懸念が現実になり、その子どもの活動の広がりを制限することになる。しかし、他の人との関わりに障害のある子どもの場合、特定の保育者との関係を仲立ちにして、活動の広がりや人との関わりが広がることがあることを、保育者自身がしっかり意識し、そのための対応であることを自覚していれば、この懸念は解消されると思われる。

◆共に活動すること自体が適切な支援

　保育者が、子どもと同じ生活のテーマを共有し、そのテーマに沿った生活に存分に取り組むことで、子どもの生活も、より楽しく、より意欲的になる。だから、遊び場で遊ぶことがテーマであれば、保育者は率先して遊び、楽しむ。こうすることが、結果的に、子どものより活発な遊びを促す手立てになる。

　子どもにとって、保育者が一緒に遊びを楽しむパートナーになれば、追

第3章　保育所・通園施設等での生活づくり

いかけっこをしたり、一緒にすべり台を滑ったり、保育者を巻き込んだ遊びも生まれ、子どもの遊びの楽しみが増す。その中で、例えばなかなか友だちとの遊びに加われない子どもも、保育者を介して、友だちと自然に関われるようになったりもする。

「保育者が率先して、存分に遊ぶ」というようなことを言うと、「子どもの活動を圧倒し、子どもが萎縮してしまう」「子どもへの適切な支援がおろそかになる」「子どもの自然な姿や子ども同士の関わりを壊してしまう」などの反論がなされることがある。

「子どもが萎縮してしまう」ということについては、次のように考える。保育者が子どもと一緒に存分に活動するということは、子どもにとって、存分に活動できる状況がつくられていることが前提である。子どもが存分に活動できる状況が十分につくられていれば、保育者が加わったぐらいで、子どもの活動が萎縮することはない。

しかし、もし遊び場が手狭だったり、遊具の種類や数が不十分であったら話は別である。保育者が狭い遊び場いっぱいに走り回ることで、子どもが活動できる場がなくなってしまうことや、保育者が遊具で遊ぶことで、保育者が遊び終わるまで待たなければならない子どもが出てしまうことがあるかもしれない。やむなく保育者は、遊具のそばに立って子どもに声をかけたり、遊具で遊ぶ順番を待つ子どもの列の交通整理をしたりという支援にとどまることになる。

前述した場の設定や遊具等の工夫をするにあたって、子どもも保育者も存分に活動できる場の規模、遊具等の工夫などを適切に行っていけば、このような問題はなくなる。

「適切な支援がおろそかになる」という指摘も、存分に活動できる状況

がつくられていることでおおむね解決する問題である。保育者自身が、子どもと一緒に活動することを止めてまで、「やってあげないといけない」という支援は、多くは、事前の場の設定や遊具等の工夫で対応可能なものである。これらの対応をした上で、なお臨機応変になされるべき支援的対応は当然ある。それらの対応は、子どもと一緒に活動することを犠牲にしないでも十分できるし、一緒に活動しながらのほうが、子どもの状況や思いに即して適確に対応できる。

　「子どもの自然な姿や子ども同士の関わりを壊してしまう」ということについては、こう考える。ここで保育者が一緒に活動することで損なわれることが懸念される「子どもの自然な姿」や「子ども同士の関わり」というものは、保育者を加えないで成立するものである。子どもの生活には当然そういう姿があってよい。だから、保育者は、一緒に活動するからと言って、どんな場面でも子どもと一緒ということにこだわる必要はない。子どもだけで成立する生活の一こまも大事にしていきたい。この場合、優しく見守ることが、一緒に活動する保育者のすべき支援的対応である。子どもだけで楽しんでいる場面に、不用意に介入すれば、子どもの活動の興をそぐ。このようなことも一緒に活動し、子どもの思いを汲んでいれば避けられる。

　一方で、子どもが保育者を求める姿、保育者と一緒に活動する姿も、保育者が子どもの共同生活者であるならば、子どもの生活に当然あってよい姿である。

　子どもだけで成立する自然なよい姿も、子どもと保育者のかかわりで成立するよい姿も、一緒に活動する中で実現可能な姿である。保育者は、子どもと一緒に活動しながら、子どもの思いに即して、それぞれの場面での

適切な支援をしていくことになる。
　大好きな保育者が、一緒に楽しみを共有している、このことが子どもの主体的活動を促す大きな支援的対応になることを心に留め、その実現に努めたい。

3．日常生活の支援

（1）日常生活の諸活動への支援

◆日常生活の中の諸活動
　各施設での子どもの生活時間は、それぞれの施設の機能・役割によってさまざまである。
　保育所では、多くの場合、おおむね午前8時から午後5時前後までが生活時間となる。通園施設等では、おおむね午前10時前後から午後2時前後までが生活時間となる。入所施設の場合は、1日24時間がその施設での生活時間になる。
　施設によって生活時間の長短の差はあるが、それぞれの生活の流れの中で、子どもが日常的に繰り返す諸活動がある。保育所を例に考えると、次のような活動がそれにあたる。
○登所：歩行、交通機関の利用、靴の履き替え、あいさつなど。
○朝の支度：カバンや持ち物の始末、トイレなど。
○昼食：着替え、トイレ、食器・食物の用意、食事、片づけ、歯磨きなど。
○昼寝：着替え、寝具の用意・片づけなど。

○おやつ：トイレ、おやつの用意、飲食、片づけ、歯磨きなど。
○帰りの支度：カバンや持ち物の整理、トイレなど。
○降所：あいさつ、靴の履き替え、歩行、交通機関の利用など。

　他に、保育所によっては、朝の集会などを日常的に行っている場合もある。

　これらの諸活動の多くは、毎日一定の時間に日常的に繰り返される活動であり、子どもの生活において最も基礎的・基本的な活動である。

◆日常生活への自立的取り組み

　日常生活の支援では、日常的に繰り返される諸活動に、自立的に取り組めるよう支援的対応を行う。自立的取り組みとは、自分の力を最大限に発揮し、人から受ける支援を最小限にした取り組みである。この意味での自立は、生活年齢や発達段階、障害などにかかわらずどの子どもにも実現可能である。その子なりに日常生活の諸活動に、より自立的に取り組めるよう支援するのが日常生活の支援ということになる。

　日常生活の諸活動は、毎日一定の時間に繰り返され、しかも、１日の生活の節目ごとに、全般にわたって取り組まれる。したがって、日常生活の支援が、個々の活動場面で適切になされれば、個々の活動だけでなく、子どもの生活全般がより整えられ、自立的にもなる。

（２）生活の流れの中でのさりげない支援

◆実際の日常生活場面の中で

　日常生活の支援では、日常生活の諸活動に自立的に取り組み、そうし

て、日常生活全般が自立的な取り組みとなることを期待する。単なる基本的な身辺処理能力や日常生活動作を習得するための指導ではない。

したがって、そのための対応は、どこまでも実際の日常生活場面の中で行われることが前提である。「手を洗う」という動作ないし技能の習得が目的でなく、戸外から戻ってきたら、手を洗い、室内の活動に移る、という日常生活に自立的に取り組めることを期待しての対応である。日常生活の実際の状況や場面の中での活動への支援である。

このような支援を積み重ねた結果として、「手を洗う」という動作ないし技能の習得にもつながるのである。

保育所では、障害のある子どもの場合、障害のない同年齢の子どもに比べ、身辺処理能力や日常生活動作の面での遅れが問題にされることが多い。そのため、その子どもが定期的に指導を受けている相談機関等に、その面での指導を委ねることもある。しかし、日常生活の自立的取り組みを期待しての適切な対応ならば、その子どものふだんの様子を熟知している保育者が、その様子に応じて、実際の場面で行っていくことが望ましい。

◆さりげない自然な対応

日常生活の支援は、実際の場面で、その都度、対応することになる。しかし、そこで行われる対応が、その生活の自然な流れやありようを損なうようなことがあってはならない。

例えば、靴の履き替えで、左右の区別ができにくいA君。保育室から所庭へ遊びに出ようとする場面での対応。そこで、保育者が靴の左右をわざと違えて示し、左右正しく履けるまで、A君を下駄箱前に留めておくような対応をするとすれば、A君の活動の自然な流れを損なう。その上、何よ

り、所庭で思いっきり遊ぶという目当てと期待感をもって活動しているＡ君には、苦痛な対応である。

　日常生活の支援では、子どもの生活の流れを損なわず、しかも、子どもに合わせた、子どもの思いに即した優しい対応を心がけたい。

◆自立的に取り組める状況づくり
　さりげない自然な対応ができるようにするためには、子どもが自然な生活の流れの中で、自立的に取り組める状況をつくることが最善である。遊びの支援同様、場の設定や道具・補助具等を工夫する。

　前述のＡ君の例で言えば、Ａ君に色の弁別・対応が可能であれば、下駄箱の縁の左右と、左右の靴の踵に同色のマーカーを付けて対応するようにし、いつも左右揃えて靴の出し入れができるよう工夫する。下駄箱の位置もマーカーが見やすい目線に移す、などの対応をして、できるだけ自然な生活の流れを損なわない中での自立的な取り組みを期待する。

◆活動を毎日繰り返して
　日常生活の諸活動の多くは、毎日一定の時間に繰り返されるものである。毎日同じ生活の流れの中で、繰り返し取り組むことで、子どもは活動に見通しをもちやすくなる。自立的な取り組みを積み重ねることで、自立的な取り組みの日常化が図られる。日常生活が一定の流れで繰り返されることで、子どもの生活が整えられ、子どもにとって取り組みやすい生活になる。

　だから、日常生活の諸活動は、できるだけ毎日一定の流れで繰り返すようにする。昨日はやったが、今日は省略、ということでは、子どもにとっ

て見通しがもちにくいし、活動の日常化も図りにくいからである。
　日常生活の支援が、単なる身辺処理能力等の技能習得ではなく、日常生活全般への支援であることを踏まえ、子どもの1日の生活の流れ、毎日の生活の流れ全体を整えていくことが望ましい。

　　　　　　　　　　　　　　　　　　　　　　　　（名古屋恒彦）

第4章　援護施設・作業所等での生活づくり

1．援護施設・作業所等の生活

（1）青年期・成人期の生活と生活の場

◆青年期・成人期の生活

　一般に、学校卒業後の生活は、社会の中で人と関わりながら営む働く生活が中心となる。障害のある人たちも、学校卒業後の青年期・成人期の生活は、企業や援護施設・作業所等で働く生活ができるようになってほしいと願う。

　今日、企業就労（一般就労）の形態はさまざまであるが、企業に就労すれば、おおむね1日8時間から9時間程の時間を職場で過ごし、労働活動に従事する。この生活を週5日ないし6日繰り返すことになる。1日の生活時間の約3分の1が働く生活となるのだから、この時間を、自分の力を存分に発揮し、主体的・自立的に過ごせれば、その人の生活は、やりがいのある質の高い生活になる。

　企業への就労が困難な場合の青年期・成人期の生活の場として、援護施設・作業所等がある。これらの生活の場は、1960年代から法的に整備が進められるようになった。設置数は漸増であったが、1980年代以降、設置が進んでいる。

第4章　援護施設・作業所等での生活づくり

　援護施設・作業所等で何らかの働く生活を営む場合も、今日「福祉的就労」という言い方で、就労の一形態として位置づけられるようになってきた。企業等への就労が困難であっても、援護施設・作業所等で、日中の時間を何らかの働く作業活動に従事する生活が営まれる。その生活を福祉的就労と位置づけるのである。

　援護施設・作業所等での生活時間は、通所の場合、だいたい午前9時前後から午後3時前後までの約6時間程度である。当然、企業での一般的な生活に比べ、働く作業活動に従事する時間は少ない。それでも、青年期・成人期の生活である以上、この時間内の働く生活に、自分の力を存分に発揮し、主体的・自立的に取り組めることが望ましい。援護施設・作業所等では、「企業で働けないほど障害が重い」ということで、レクリエーション活動を主にして日中の生活を営む場合がある。しかし、たとい障害が重くても、その人なりに働く生活をしながら、青年期・成人期にふさわしい生活を送れることを期待したい。

　企業や通所の援護施設、作業所などでの生活は、多くは家庭生活と並行して営まれるが、家庭に代わる生活の場として、通勤寮・福祉ホーム等の援護施設がある。通勤寮・福祉ホーム等の利用者は、それらの場で起居を共にし、企業等へ通うことになる。また、アパートや一般の住宅に数人で生活しながら企業等へ通う生活の場であるグループホーム等も近年拡充されている。家庭生活や個人生活の場も、青年期・成人期にある人たちの多様なニーズに応じて多様化しつつある。

◆青年期・成人期の生活の場
①知的障害者援護施設

知的障害者福祉法第5条で規定する知的障害者援護施設には次がある。
・知的障害者更生施設：「18歳以上の知的障害者を入所させて、これを保護するとともに、その更生に必要な指導及び訓練を行うことを目的とする施設」（知的障害者福祉法第21条の5）。通所施設と入所施設がある。定員は通所施設で20人以上、入所施設で30人以上と定められている。入所年齢は18歳以上であるが、児童福祉法第63条の5の規定により、児童相談所長の認める場合15歳以上の者を入所させることができる。更生施設では、生活指導、レクリエーション行事、作業指導などを行うこととされる。1998年10月現在で全国に通所施設が310か所（在所率92.8％）、入所施設が1,205か所（在所率98.7％）ある。
・知的障害者授産施設：「18歳以上の知的障害者であつて雇用されることが困難なものを入所させて、自活に必要な訓練を行うとともに、職業を与えて自活させることを目的とする施設」（知的障害者福祉法第21条の6）。通所施設と入所施設がある。定員は通所施設で20人以上、入所施設で30人以上と定められている。入所年齢は18歳以上であるが、児童福祉法第63条の5の規定により、児童相談所長の認める場合15歳以上の者を入所させることができる。授産施設での作業活動は「職業」と位置づけられ、入所者に対する工賃の支払いが義務づけられている。1998年10月現在で全国に通所施設が774か所（在所率97.1％）、入所施設が219か所（在所率98.0％）ある。
・知的障害者通勤寮：「就労している知的障害者に対し、居室その他の設備を利用させるとともに、独立自活に必要な助言及び指導を行うことを目的とする施設」（知的障害者福祉法第21条の7）。定員は20人

以上である。居室の定員は1室あたり2人以上4人以下を標準とする。通勤寮では、対人関係、金銭の管理、余暇の活用その他独立自活に必要な生活指導、健康管理の指導などが行われる。1998年10月現在で全国に116か所（在所率93.8％）ある。

・知的障害者福祉ホーム：「低額な料金で、現に住居を求めている知的障害者に対し、居宅その他の設備を利用させるとともに、日常生活に必要な便宜を供与することを目的とする施設」（知的障害者福祉法第21条の8）。定員は10人以上であり、通勤寮に比べ、より小規模での生活が想定されている。管理人を置くことが義務づけられている。1998年10月現在で全国に67か所（在所率81.9％）ある。

いずれの施設も在所率が高率であり、入所・利用希望者のニーズに応じきれていないのが実状である。設置数増等の拡充が望まれる。

②身体障害者援護施設

身体障害者福祉法第5条で規定する身体障害者援護施設のうち、生活の場として考えられるものには次がある。

・身体障害者更生施設：「身体障害者を入所させて、その更生に必要な治療又は指導を行い、及びその更生に必要な訓練を行う施設」（身体障害者福祉法第29条）。肢体不自由者更生施設、視覚障害者更生施設、聴覚・言語障害者更生施設、内部障害者更生施設、重度身体障害者更生援護施設がある。定員は30人以上である（重度身体障害者更生援護施設のみ50人以上）。入所期間は、重度身体障害者更生援護施設がおおむね5年以内とする他は、1年を原則と定められている。これらの施設では、それぞれの障害に応じた医学・心理学的訓練、職能的訓練、生活指導などを行うこととされている。1998年10月現在で全国

に132か所（在所率75.6％）ある。
- 身体障害者療護施設：「身体障害者であつて常時の介護を必要とするものを入所させて、治療及び養護を行う施設」（身体障害者福祉法第30条）。定員は30人以上だが、特別養護老人ホームに合築または併設する場合は10人以上とされる。入所者の身体的、精神的機能維持または減衰の防止のための生活指導等、介護などが主要な対応となる。1998年10月現在で全国に327か所（在所率98.9％）ある。
- 身体障害者福祉ホーム：「低額な料金で、身体上の障害のため家庭において日常生活を営むのに支障のある身体障害者に対し、その日常生活に適するような居室その他の設備を利用させるとともに、日常生活に必要な便宜を供与する施設」（身体障害者福祉法第30条の2）。1998年10月現在で全国に34か所（在所率85.5％）ある。
- 身体障害者授産施設：「身体障害者で雇用されることの困難なもの又は生活に困窮するもの等を入所させて、必要な訓練を行い、かつ職業を与え、自活させる施設」（身体障害者福祉法第31条）。身体障害者授産施設、重度身体障害者授産施設、身体障害者通所授産施設がある。定員は身体障害者授産施設が30人以上、重度身体障害者授産施設が50人以上、身体障害者通所授産施設が20人以上である。授産施設での作業活動は「職業」と位置づけられ、作業員に対する工賃の支払いが義務づけられている。1998年10月現在で全国に443か所（在所率94.6％）ある。

以上の他に、身体障害者援護施設として相談業務や福祉サービスの提供を行うものとして、身体障害者福祉センター、補装具製作施設、視聴覚障害者情報提供施設がある。

第4章　援護施設・作業所等での生活づくり

③小規模作業所

　青年期・成人期の日中の生活の場として、法的な規定によらない、いわゆる法外施設である小規模作業所がある。これら小規模作業所は、地方自治体の条例により助成を受けるものが大半で、名称も地域等により福祉作業所、小規模授産所、ワークホーム等々、さまざまである。近年、開設数が増加しており、共同作業所全国連絡会の調査によれば、1998年8月現在で、地方自治体による助成対象作業所は4,847か所である。

　国も、小規模作業所に対し、1977年より、通所援護事業に基づく国庫補助を行っている。この事業は当初、知的障害関係のみを対象としていたが、1987年より身体障害、精神障害関係の作業所をも対象としている。

　利用者は自宅等から通所し、日中の時間を働く作業活動に取り組む。そして、収益の中から賃金を得る。ただし、作業所での働く作業活動の労働性は、運営方針等によって異なる。レクリエーション的な活動に重きをおいた作業所から一般の工場と何ら遜色のない高い労働性・生産性を発揮する作業所までさまざまである。

④福祉工場

　福祉工場は、知的障害者については、「知的障害者福祉工場設置運営要綱」（厚生省）に、身体障害者については、「身体障害者福祉工場設置運営要綱」（厚生省）にそれぞれ規定される福祉的就労の場である。作業能力はあるが、「対人関係・健康管理等」（知的障害）や、「職場の設備・構造、通勤時の交通事情等」の事由により、一般企業に就労できない人が雇用の対象となる。従業員の定員は、20人以上である。従業員の他に、施設長、指導員などが置かれる。1998年10月現在で、知的障害者福祉工場が全国に35か所（在所率85.9％）、身体障害者福祉工場が全国に35か所（在所率

76.6％）ある。

⑤グループホーム等

いわゆるグループホーム等は、一般の住宅やアパートなどに、障害のある人が数人で共同生活を営む形態である。名称は、「生活寮」「生活ホーム」「ミニ通勤寮」などさまざまであるが、「知的障害者地域生活援助事業」（厚生省）に規定されるものをグループホームと言う。「知的障害者地域生活援助事業」では、その目的を「地域の中にある知的障害者グループホーム（共同生活を営む知的障害者に対し、食事提供等の生活援助体制を整えた形態。以下『グループホーム』という。）での生活を望む知的障害者に対し、日常生活における援助等を行うことにより、知的障害者の自立生活を助長すること」と定めている。

グループホームの定員は4人以上とされ、前述の通勤寮や福祉ホームに比べ小規模で、より家庭生活に近い形態が期待できる。入居者の要件として、15歳以上で就労（福祉的就労を含む）していること、日常生活を維持するに足りる収入があることなどが定められている。グループホームには、入居者の生活を支援する世話人を置くことになっている。

「知的障害者地域生活援助事業」によるグループホームは、1998年度で全国に1,342か所ある。

（2）援護施設・作業所等の生活

◆働く作業活動を中心にした生活の充実

援護施設には、前述のように、対象とする利用者の障害の種類や程度によってさまざまな形態があるが、ほとんどの場合、日中の生活の主要な時

第4章　援護施設・作業所等での生活づくり

間を働く作業活動にあてている。したがって、援護施設で展開される働く作業活動が充実すれば、援護施設の生活の質も豊かになる。援護施設での働く生活の充実を図る方向で、生活全般を見直し、整えていくことが求められる。そこでは、単に働く作業活動の計画・展開だけでなく、1日の生活、毎日の生活の見直しが必要となる。

　以下、援護施設等の生活の枠組みとして、通所援護施設・小規模作業所等を例に、1日の生活、1週間・1か月の生活、年間の生活を見る。

◆1日の生活
①登所

　登所時間は、おおむね午前9時前後である。登所手段は、一般の交通機関を使っての自力通所を原則とする場合や通所バスを運行する場合などがある。

　登所すると、持ち物を所定の場所に置き、作業着への着替え、トイレなどの身支度を済ませる。

②「朝の集い」

　身支度が済むと、施設によっては「朝の集い」を行う。名称は、「朝の会」「ジョギング」などさまざまである。内容も施設によって異なるが、多くの場合、全員で集合し、その日の予定を確認したり、体操・ジョギング等をしたりする。

　「朝の集い」は、施設の運営方針によって行ったり、行わなかったりする。「朝の集い」のように一斉に集まることをせず、身支度が済み次第、作業活動に入る施設もある。

③作業

おおむね10時前後から、1日の活動の中心となる作業に取り組む。木工部、紙工部、縫製部、農耕部、下請け部など、いくつかの作業グループに分かれ、作業に取り組む場合が多い。主に、製作・生産活動に取り組むが、地方自治体からの委託を受け、公園等の公共施設の清掃・美化等に取り組んでいるところもある。

　作業グループのメンバーは、一定期間固定し、恒常的な活動に繰り返し取り組むことになる。

　重症心身障害者を対象とする施設等では、働く作業活動の他に体力作りや機能訓練等を行うこともある。また、単調な作業の繰り返しや活動の固定化を避けるという考えに立って、趣味的活動と作業を並行して、個々人が活動を選択できるようにしたり、週の一定の曜日にクラブ等を行ったりするところもある。

④昼食・休憩

　昼食・休憩は午前12時から午後1時前後までの時間にあてる。食事は、ほとんどが給食であり、食堂で取ることが多い。

⑤作業

　昼食・休憩後は、作業を再開するところが多い。午後の作業は、降所までの2～3時間をめいっぱい取り組む場合、1時間ほどで終了し、クラブ等を行う場合などがある。

⑥クラブ等

　クラブ等の働く作業活動以外の活動は、午後の時間に行われることがほとんどである。午後のクラブ等の扱いは、施設によって異なることが多く、午後はすべてクラブ等にあてる場合、前半に作業、後半にクラブ等とする場合、1週間の中で日替わりに作業とクラブ等を行う場合などがあ

る。

　クラブ等の内容は、音楽、陸上、ソフトボール、調理等々の趣味的活動の他、生活能力訓練、機能訓練、知的学習など、さまざまである。

　⑦降所

　おおむね午後4時前後で降所となる。それぞれに持ち物を整理し、着替え・トイレなどを済ませ、帰宅する。施設によっては、降所の準備に先立って、「帰りの集い」「反省会」などを行い、1日の生活のまとめをする時間をとることもある。

◆1週間の生活、月、年間の生活

　①1週間の生活

　通所援護施設・小規模作業所等の1週間の生活は、前述の1日の生活を毎日繰り返す場合が多いが、施設によっては、一定の働く作業活動を中心にした生活の繰り返しを単調で偏った生活と見てきらい、日替わりで活動を変えて1週間の生活を計画することもある。

　午前中の活動は、多くの施設で、作業を主として1週間を過ごすが、前述のように、曜日によってクラブ等を実施したり、その日に行う作業種を選択できるようにしたり、クラブ等を並行させたりするところもある。

　午後の活動は、午前中の活動に比べて、作業等の一定の活動を毎日繰り返すということは少なく、クラブ等を日替わりで行うことが多い。

　②月、年間の生活

　通所援護施設・小規模作業所等での月、年間の生活は、行事等の配列を中心に計画・展開される。

　行事には、例えば、歓迎会、花見、旅行、懇親会、キャンプ、運動会、

スキー合宿、忘年会、もちつき、球技大会、マラソン大会、販売会等々がある。これらの行事は、施設ごとに計画されるものの他、運動会やマラソン大会、販売会など地域の施設で共同で行うものもある。また、地域交流を促進するために、自治会等が企画した地域行事（納涼会、運動会、清掃など）に定期的に参加することも多く行われている。

行事は、各月に1ないし2程度配置され、その時期の生活の楽しみとして、仲間づくりや施設生活にアクセントをつけるなどの役割をもつ。特に販売会や各種のスポーツ・レクリエーション行事は、日常的に取り組んでいる作業やクラブ等での活動の目当てとなり、生活に見通しや期待感をもちやすくする上で大きな位置を占める。

これらの行事の他に、納品や外部講師を招いた講座など、定期的に行う活動も行われる。

2．働く作業活動を中心にした生活づくり

（1）青年期・成人期にふさわしい生活を

◆働く作業活動の充実・発展を軸に

青年期・成人期にふさわしい生活のありようは、それを考える基盤となる価値観に規定される。

1950年前後のいわゆる戦後当初には、障害のある人であっても、学校卒業後の生活では職業自立が強く指向された。企業就労が困難で、施設で生活をする場合でも、きわめて労働性の高い働く作業活動が追究された。知的障害児施設近江学園園長として戦後の障害福祉をリードした糸賀一雄

第4章　援護施設・作業所等での生活づくり

は、次のように述べる。

　「学園のねらっていた職業指導は、教育と生産とのふたつの側面をはっきりと打ち出していたのである。…生き馬の目を抜くといわれる実社会のはげしさを学園の中にとり入れて、いわば背水の陣を布く態勢があってこそ、そこではじめて職業指導の基本的な勤労の態度や技術などが身につくのである。」

　時代が下るにしたがって、青年期・成人期の生活における働く作業活動一辺倒の生活形態が批判・反省され、職業生活以外の家庭生活や個人生活の充実が叫ばれるようになった。

　障害のある人たちの青年期・成人期の生活において、いわゆる「豊かな生活」が指向されるようになった。施設等でも、働く作業活動を縮小し、趣味的活動や機能訓練などを多く取り入れたり、働く作業活動そのものの労働性を低くしたりするようになった。

　以上のような経過を経て、今日の援護施設・作業所等では、働く作業活動の位置づけや意味づけが多様化している。このことは、前述のように、働く作業活動を実際の日課でどう位置づけるかにも反映する。

　援護施設・作業所等では、働く作業活動をめぐる価値観の多様化に伴い、働く作業活動の労働性が低められることが多くなってきたが、実際の生活では、位置づけや意味づけの違いこそあれ、福祉的就労の場としての性格上、働く作業活動が生活の中心とされることでは、ほぼ一致している。

　援護施設・作業所等が福祉的就労の場として位置づけられる以上、そこでの生活は、やはり就労の場としての質を高める努力が必要である。青年期・成人期の生活の場として、一般就労に近い、高い労働性を追究しなが

ら、働く作業活動の充実・発展を図り、福祉的就労の質を高めていく必要がある。そして、働く作業活動の充実・発展を図ることで、援護施設・作業所等での生活全体が充実・発展することを期待したい。

◆主体的活動の実現

働く作業活動が充実・発展する方向は、一人ひとりが仲間と共に、働く作業活動に主体的に取り組める方向である。

一定の作業活動に、一定時間継続して取り組む姿は、ともすると「させられる活動」、受け身的な活動と見られることがある。援護施設・作業所等での働く作業活動で、納品や販売などの目標が利用者にとって明確でないと、漫然と作業に取り組むことになることがある。活動の内容が、その人にとってわかりにくかったり、難しかったりするため、結果的に自分で取り組みにくい作業活動になる場合もある。特定の職業技能を高めるためとか、身体機能の改善を図るためといった目的で作業活動が展開された場合、作業活動自体が受け身的になってしまうこともある。

援護施設・作業所等での働く作業活動を、利用者にとって目標がわかりやすいもの、内容が取り組みやすいもの、作業活動そのものを目的として取り組めるものとすることで、利用者自身が主体的に取り組める活動にしていく必要がある。主体的に取り組める状況を十分につくることで、働く作業活動が、「させられる活動」ではなく、「する活動」になるように努める。働く作業活動に主体的に取り組む姿の実現に努める。

働く作業活動に主体的に取り組む姿とは、例えば次のような姿である。
○やることがわかり、見通しをもって取り組む姿。
○自分から、意欲的に取り組む姿。

○自分の力で取り組む姿。
○手を休めずに、継続して取り組む姿。
○繰り返し取り組む姿。
○集中して取り組む姿。
○手早く、ペースよく取り組む姿。
○たくさんの作業量をこなす姿。
○正確に作業を遂行する姿。
○安全に取り組む姿。
○精一杯活動する姿。
○うまく成し遂げる姿。
○満足感・成就感をもって取り組む姿。

　これらの主体的姿が、その人なりに、よりよく実現できるように、必要な状況づくり、支援的対応を行う。

　作業活動に主体的に取り組める状況をつくるために、援護施設・作業所等の生活における作業活動の位置づけの見直し、活動内容の見直し、活動の用意、工程の検討、場の設定、素材や道具・補助具等の工夫、共に活動しながらの声かけ・手助けなど、さまざまな面で支援的対応を講じる。

　「障害が重い人には働く作業活動は無理」として、訓練的活動や趣味的活動を主にすることがある。障害が重いと言われる人には、主体的に取り組める働く作業活動が用意できにくいと考えられるからである。しかし、まず、その人なりに働く作業活動に取り組める状況づくりの手立てを尽くし、仲間と共に働く生活に主体的に取り組めるようにすることが、障害の軽重にかかわらず青年期・成人期の生活を営む上では大切である。

◆働く作業活動を中心にした豊かな生活

　働く作業活動の充実・発展を図ることが、援護施設・作業所等での利用者の豊かな生活を損なうことになると見られる場合がある。この見方の背景には、作業一辺倒の生活が、単調で生活の豊かさに欠けるとする価値観がある。この立場に立つ場合、援護施設・作業所等での生活は、働く作業活動よりは趣味的活動を重視して計画・展開されることが多い。その場合、おおむね次の二つの方向で、生活が計画・展開される。

　第1に、働く作業活動そのものの労働性を低める。一人ひとりが精一杯取り組む状況よりも、会話を楽しみながら、休憩を頻繁に取りながらという状況下で活動に取り組む。「施設に来ることだけでも仕事」ということで、登所しさえすれば、本人の意思で作業時間中、何もせずに過ごしていてもよい、とする場合さえある。作業活動の内容は、軽作業や、手芸・工芸的な内容が比較的多くなる。毎日同じ活動に取り組むのでなく、日によっていろいろな作業活動を経験するようにすることもある。作る品物は、完成度よりも作る人の個性が反映するような出来栄えを重視する。

　第2に、働く作業活動に取り組む時間を縮小し、生活全体の労働性を低める。日課表上、単純に作業活動の時間を縮小し、趣味的活動の時間を大きく位置づけたり、作業活動と趣味的活動を並行させ、利用者が活動を自由に選択できるようにしたりする。利用者が多様な経験をできるように、趣味的活動もなるべく多様な種類のものが提供される。

　しかし、単に、働く作業活動に取り組む時間を縮小し、趣味的活動の時間や種類を多くすることが、直ちに、利用者の豊かな生活の実現につながるとは思えない。むしろ、働く作業活動の充実・発展を図ることが、同時に生活を豊かにしていくと考えられる。

前述のように、働く作業活動の充実・発展の方向は、主体的活動の充実・発展の方向として捉えられる。日中取り組む作業に、目当てややりがいがあり、存分に取り組めれば、その生活は充実したものとなる。だから、生活の中心となる働く作業活動そのものの充実・発展をまず図るべきである。他の趣味的活動をいかに豊富に提供しようとも、生活の中心となる働く作業活動に充実感・満足感が欠けていれば、生活全体の質が高くなることは期待できない。青年期・成人期の豊かな生活は、日中の生活の中心的活動である働く作業活動の充実・発展を基本に、その実現を図っていきたい。

（2）働く作業活動の計画

◆恒常的に取り組む作業活動

　援護施設・作業所等では、作業グループごとに主製品・生産物を定め、年間を通じて恒常的に作業活動に取り組むことが多い。企業からの下請け仕事に取り組む場合も、時期によって品物が変わることがあるが、いくつかの種類の仕事に繰り返し取り組む。

　これらの働く作業活動では、恒常的に、一定の作業活動を継続しながら、一人ひとりが主体的に作業活動に取り組めるようにする。

◆どのような作業種に取り組むか

　働く作業活動に恒常的に取り組む場合、さまざまな作業種が考えられる。

　例えば、木工、紙工、縫製、織物、陶芸、革工芸、染色、石鹸製造、洗濯、海産物加工、農耕、園芸、下請け、公園清掃等々である。これでなけ

ればならないという固定的な作業種があるわけではない。施設・設備の検討、地域産業等の特性、支援にあたる職員の適性など、さまざまな面から作業種は検討される。しかし、何より、利用者一人ひとりが、日中の働く作業活動に、主体的に取り組める作業種でなければならない。

　作業種の選定段階から、利用者が主体的に働ける状況づくりが始まっている。利用者が主体的に働ける状況が用意できる作業内容であるかを考慮して、作業種を選定することになる。その場合、実際に作業に取り組む利用者の様子をイメージしつつ、次のようなことに留意する。

　①継続して取り組める十分な活動量があること

　恒常的に、働く作業活動に取り組む場合、十分な活動量が確保され、継続的に取り組めることが、まず求められる。時期によっては活動できないことがあったり、１日の作業時間内でも、ある工程では後半には活動がなくなってしまうということでは、恒常的な活動が期待できない。存分にめいっぱい取り組む活動にもなりにくい。年間を通じて、毎日、存分に取り組める活動量が確保できる作業種を考える。

　②多様な工程や仕事の分担が用意できること

　どの利用者も、自分の得意なことや、もてる力を存分に発揮して取り組めるように、一人ひとりに合わせた多様な作業活動が用意できそうな作業種を考える。製作活動を主とする作業種であれば、工程の分業化が可能なもののほうが、一人ひとりに合わせた活動を用意しやすい。

　分業化が図りにくい作業種を取り入れようとする場合、一人ひとりが製作を担当する製品種の分担や道具の工夫で対応できるかを検討する。例えば、織物作業のように分業化が難しい作業種では、製作する製品種の分担や使う織機などを変えることで、一人ひとりに取り組みやすい分担を考え

る。

　工程や分担を考える場合、前述のように、それぞれの工程・分担で十分な活動量が確保できることを考慮する。流れ作業で行う場合、工程によって活動のペースがなるべく違わないようにできそうか、分業化したことでスムーズに活動が流れるかどうかも、作業種を考える大切な判断材料である。

　実際に作業種選定の段階で、工程や仕事の分担を検討するには、その作業種で、具体的にどんな製品・生産物を主に作っていくかというところまでイメージしておくことが必要である。一口に木工作業といってもその製作物は、「一刀彫の彫刻」のように分業化が考えにくい製品から、部材の多い「組立式椅子」のように分業化・流れ作業化が容易なものまでいろいろだからである。また、製作・生産をする上で、技術的に難度の高い製品・生産物であっても、分業化を図ることで取り組みが可能になる場合もある。

　分業化・流れ作業化して取り組むレザークラフト作業の展開例を図4−1に示す。

　③一定の作業活動を繰り返せること

　恒常的・継続的な働く作業活動では、一人ひとりの活動が、一定の内容で毎日繰り返されれば、自分の取り組む活動に見通しがもちやすくなる。作業場に来れば、「この持ち場で、この仕事」ということがわかり、自分から取りかかる作業になる。毎日一定の作業活動に取り組むので、取り組みの習熟も促される。しかし、毎日日替わりで活動内容が変わってしまっては、自分のやることがわかりづらく、自分から取り組む作業になりにくい。

図4－1　分業化・流れ作業化したレザークラフト作業

時配	生徒の活動	支援上の留意点	道具等
5	○仕事の準備をする。 ・エプロンを着け、道具等の準備をする。	・一緒に道具等を準備しながら、「手づくりフェア2000」のことや本時の製作目標数などを話題にしながら、雰囲気を盛り上げる。	エプロン
70	○めがね立てを作る。	T_1は色塗り・磨き、T_2は底板付けなどを担当し、周囲の生徒を支援しつつ、仕事を進める。	牛革
	〈刻印打ち〉　　　（飯山さん、御園君） ・スポンジで革を濡らした後、刻印を打つ印を付ける。 ・印に合わせ、刻印で模様を打ち付ける。	・意欲的に取り組めるように、1日の目標数等を最初に確認し合うようにする。 ・刻印打ちの印を、一定の位置に一度に付けられるように、補助具を用意しておく。	スポンジ 木づち 打台 フェルト
	〈色塗り・磨き〉　　　　　　（大谷君） ・塗料を塗り、布で拭き取る。 ・電動ポリッシャーで磨く。	・塗りやすいよう、塗料を容器から小皿に一定量出して塗るよう、手順を確認しておく。 ・電動ポリッシャーで磨きやすいように、革を置く台に滑り止めを付けておく。	刻印 塗料 小皿 布
	〈裏布貼り〉　　　　　　　　（渡君） ・革の裏に接着剤をローラーで塗る。 ・布を貼り、ヘラでならす。 ・裏布を貼った革を棚に置き、乾かす。	・革の表面にまで接着剤が付かないように、枠付きの台や均等に塗れるローラーを用意しておく。 ・布を均等に貼れるように、大きめのヘラを用意しておく。 ・裏布を貼った革が汚れたり、重ならないようトレイと棚を用意しておく。	副毛 電動 ポリッシャー ローラー ヘラ トレイ
	〈かがり穴あけ〉　　　　　　（上川君） ・4連ポンチでかがり部分の穴あけをする。	・始めに、本時の目標枚数を確認し合い、見通しをもって意欲的に取り組めるようにする。 ・一定の位置に穴があけられるように、あらかじめ革に印を付けておく。	4連ポンチ 木づち 打台 フェルト
	〈かがり・裏布切り〉　　　　（田上さん） ・クラフトレースでかがる。 ・裏布をはさみで切り落とす。	・始めに、かがりの仕事を終えたら、裏布切りの仕事に移ることを確認しておくようにする。 ・かがりが緩くならないように、クラフトレースを通したら、強く引くことを時々、確認し合う。	クラフトレース クラフト針 はさみ
	〈仕上げ剤塗り・包装〉　　　（林崎君） ・かがり終えためがね立てに、2種類の仕上げ剤を塗る。 ・しおりを入れ、包装する。	・2種類の仕上げ剤を区別しやすいように、それぞれ色の違う容器に入れておく。 ・塗ったものと区別できるように、色別のテープを貼ったトレイに分けて載せておくようにする。	仕上げ剤
	〈底板切り〉　　　　　　　　（武本君） ・電動ボール盤で底板を切る。 ・切った底板をヤスリで磨く。	・一定の大きさで安全に切れるように、枠やカバーを付けた補助具を電動ボール盤に取り付けておく。 ・周囲に切りかすが飛び散らないように、作業台の周りを塩ビ板の枠で囲っておく。	電動ボール盤 ヤスリ
	〈ロゴ作り〉　　　　　　　　（鳥里さん） ・箔押し機で、革に金箔を付ける。	・きれいに箔が押せるよう、補助具の当たり具合を事前に調整しておく。 ・そばで仕事を進めながら、様子を見て、励ますようにする。	箔押機
5	○後片付けをする。 ・使った道具等を片付ける。 ・掃除をする。	・片付けや掃除をしながら、今後の予定等を話題にし、間近に迫った「手づくりフェア2000」に向けて見通しがもてるようにする。	

第4章　援護施設・作業所等での生活づくり

　だから、望ましい作業種を考える場合、作業活動の工程や分担が、一定の手順で繰り返せるものであるかを考慮する。

　一定の作業活動の繰り返しを図る上では、作業種で扱う製品・生産物の種類を絞り込んでおくことが必要である。多品種の製品・生産物を作ろうとすると、製品・生産物が変わるごとに作り方が変わり、工程・分担も変更を余儀なくされ、一人ひとりの活動を一定の手順で繰り返すことができにくくなることがあるからである。また、時期によって入手できる材料が異なったり、作業方法が天候・気温等の自然条件に制約されたりという事情で、製品・生産物がまったく変わってしまうことが予想される作業種も、なるべく避ける。

④質の高い製品・生産物、有用な活動が期待できること

　できあがった製品や生産物の質が高ければ、働く作業活動に取り組んだ成就感・満足感は大きい。製品・生産物の質や完成度の高さは、製作・生産活動の質の高さ、取り組みの質の高さをも保証する。できあがった製品・生産物が一般社会での販売や市場での流通に耐えるものであれば、販売活動等にもより意欲的に取り組める。

　下請け作業で、精度の高い仕事に取り組めれば、元請けからの高い評価につながり、安定した仕事の供給も期待できる。

　公園等の公共施設の清掃・美化に取り組む場合も、その成果が、社会の中で有用な活動として位置づけば、やりがいや満足感につながる。

　したがって、作業種を選定する場合、取り組んだ結果、質の高い製品・生産物、有用な活動が期待できることが、主体的な作業活動を実現する上で重要な点となる。

⑤安全面や衛生面への配慮

作業活動に取り組む利用者にとって、その活動が安全面や衛生面に問題があってはならない。しかしこのことは、危険な道具を使う仕事や汚れ仕事が、直ちに作業種としてふさわしくないということではない。まず、安全面や衛生面での問題が、状況づくりによって解消できるかを入念に検討することが求められる。
　⑥特徴の異なる作業種を複数用意して
　作業種には、室内での手作業が主になる作業種や屋外での体を使った作業が主になる作業種、分業化が図りやすい作業種とそうでない作業種など、それぞれに特徴がある。利用者の多様な個性に、より適確に対応できるためには、前述のような視点から各作業種ごとの検討を行う他、特徴の異なる作業種を複数組織しておくことが望ましい。そうすることで、一つの作業種で対応するよりも、より利用者の個性に合わせた作業活動が用意できる。

◆目当てや見通しをもちやすい生活設計

　年間を通じて恒常的に作業活動を行う場合、活動がマンネリ化し、漫然と受け身的な取り組みになることが懸念される。一定の作業活動に繰り返し取り組んでいても、活動がマンネリ化しないように次の点に留意する。
　①時期ごとにテーマを設定して活動に節目とまとまりを
　一定期間の活動ごとに、作業のテーマを設定し、その生活に節目とまとまりをつける。例えば、「○○デパートでの販売会」というテーマを設定し、1か月前後の期間を製品・生産物づくりに取り組む。期間の始めに、デパートで販売する製品・生産物の目標数を相談し、目標数達成を目指して、見通しをもって作業できるようにする。期間中に、会場の下見をした

第4章　援護施設・作業所等での生活づくり

り、デパート担当者との打ち合わせに行ったりなどし、当日への期待感が高まるようにする。期間の最後には、販売会をして締めくくる。

このように、一定期間の働く生活にテーマを設け、期間中には、テーマの実現を目指した作業活動に取り組むとともに、テーマにかかわるさまざまな活動も盛り込んでいく。こうすることで、その時期の生活に、目当てをもって意欲的に取り組めるようになる。テーマ意識をもってその時期を生活し、テーマにかかわる活動に取り組むことで、生活に自然なまとまりができる。

②一定の活動を繰り返しやすい日課に

利用者にとって、生活の流れややることをわかりやすくするために、なるべく1日の生活の流れを一定にし、その活動を繰り返すようにする。1週間の生活の中身が日替わりで変わる生活では、「今日、作業所に行ったら〇〇をしよう」という意識をもちにくいし、1日の生活の中でも、「〇〇が終わったら次は△△だ」という見通しをもちにくい。1日の生活の流れがほぼ一定していて、その流れを1週間毎日繰り返せば、活動に見通しをもちやすくなり、自分から取り組める生活になる。

働く作業活動であれば、午前中の10時前後から昼食までの最も活動しやすい時間と、昼食後から降所までの時間を、それぞれ作業時間にあてる。そして、それぞれの前後に日常生活の諸活動を配置して1日の生活を計画し、1週間この流れを繰り返すようにする。

施設等によっては、日課表上「作業」の時間を毎日一定の時間に置いているが、その作業内容を日替わりで変えている場合もあるが、これは望ましくない。作業の日課表上の枠組みだけでなく、その中で展開される活動を一定にしてこそ、利用者にとって見通しのもちやすい、活動しやすい日

課となる。

（3）めいっぱい働く生活を仲間と共に

◆力を発揮して仲間と共に取り組めるように

　どの利用者も、障害の軽重にかかわらず、仲間と共に働く作業活動に取り組めることを期待する。障害が重いと言われる人もそうでない人も、同じ生活の場で、生活のテーマを共有して共同生活を営めるように願う。

　施設等によっては、比較的障害の重い利用者だけでグループをつくり、軽作業を中心とした作業活動に取り組んだり、働く作業活動と並行して機能訓練や訓練を目的とした作業活動を行ったりしていることがある。しかし生活の場のありようとして、障害別にグループを編成をして活動を計画するより、どの利用者も共に活動できることがより自然である。

　障害の重いと言われる利用者もそうでない利用者も、働く生活のテーマを共有し、共に働く作業活動に取り組めるようにしたい。そのためには、どの利用者にも、テーマに沿った働く作業活動に主体的に取り組める状況、できる状況がつくられている必要がある。具体的には、以下のようなことを考える。

①適切な作業グループへの所属

　利用者一人ひとりに、適切な作業活動が用意できそうな作業種に取り組む作業グループへの所属を考える。作業種選定の段階から、どの利用者にも適切な作業活動が用意できるかを考慮する必要があることは前述のとおりだが、ここでは、具体的に、利用者一人ひとりについて、各作業種で用意できそうな作業活動を想定し、検討する。検討の視点としては、本人の

第4章　援護施設・作業所等での生活づくり

得意なことやできそうなこと、道具等の工夫でできるようになりそうなことなどの他、利用者本人の希望を十分に尊重する。

②作業グループの中での活動の分担

作業グループへの所属が決定したら、所属するグループの作業活動の中で、その利用者に最適な活動の分担を考える。

③道具・補助具等の用意・工夫

主体的に作業活動に取り組めることを目的に、利用者一人ひとりの作業活動にかかわる作業台、道具・補助具、機械・器具などを一人ひとりに合わせて用意・工夫し、活用する。

④場の設定の工夫

作業場全体の設定を考える上でも、一人ひとりが分担作業に取り組みやすい配置等を考える。流れ作業の場合、材料がスムーズに流れるようにしたり、人の移動がスムーズにできるようにしたりする。これらの仕事の進めやすさを確保した上で、一人ひとりの作業場や作業台を向かい合わせにするなどして、互いの取り組みの様子がわかりやすい、共同的な場を設定することも考える（図4－2）。

⑤一定の活動の繰り返し

いったん分担した一定の作業活動は、なるべく長時間継続するようにする。繰り返し取り組むことで、よりよくできるようにする。

◆存分に活動し、満足感・成就感を分かち合えるように

できる状況下で、テーマに沿った働く作業活動に存分に取り組み、満足感・成就感を分かち合えるようにする。

働く作業活動に存分に取り組めるようにするためには、次のことを考え

図4-2 作業場の設定例（レザークラフト作業）

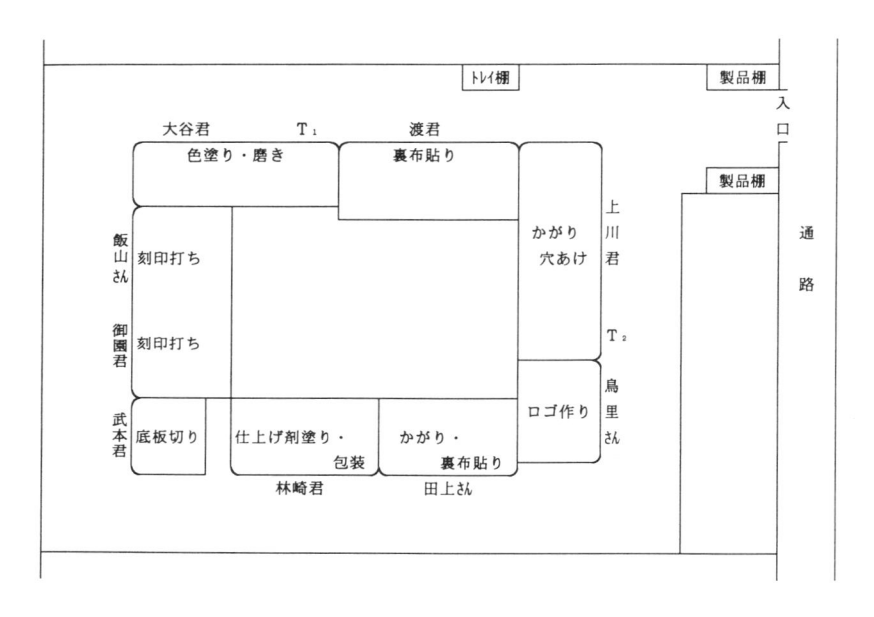

① 十分な作業時間の確保

　援護施設・作業所等で働く作業活動に取り組む生活形態を、福祉的就労と位置づけるならば、働く作業活動を生活の中心的活動とすべきである。その意味でも、日中の作業活動には、十分な時間が確保されてよい。約6時間前後の日中の活動時間の中で、1時間程度の作業時間では、中心的活動とは位置づけにくいからである。日に1時間程度の作業時間では、存分に活動に取り組む状況になりにくく、テーマ意識ももちにくい。

　障害の重い利用者の場合、長時間継続して作業活動に取り組むことが困難と見られ、作業時間が縮小されることがある。身体面、健康面への配慮

を十分にしつつ、できる状況づくりに努め、その人なりに存分に取り組める作業時間を確保したい。

②十分な作業量の確保

作業時間中に仕事がなくなってしまい、手持ちぶさたになってしまうようでは、存分に取り組む活動とはならない。活動を計画する段階から、十分な作業量を確保できるようにする。時期ごとの製作・生産目標数を設定する場合、期間中の作業時間でめいっぱい取り組める作業量を考え、設定する。農耕・園芸作業であれば、十分な農地・耕作地を確保し、存分に取り組めるようにする。

③流れが滞らないように

分担作業が流れ作業で行われる場合には、流れが滞り、作業がとぎれないようにする。一人ひとりの作業量やペースを調整し、滞りなく共同的に取り組める状況をつくる。

④日程計画の工夫

テーマに沿った生活期間の日程計画を工夫し、存分に取り組み、満足感・成就感を分かち合えるようにする。

例えば、期間の後半になってきたら、作業グループメンバーで相談して、製作・生産目標数の達成を目指し、クラブ等の時間も作業に取り組むなど作業時間をふだんよりも多くする。終盤には、泊まり込みで作業をし、仕事をやり遂げるようにする。こうして、テーマの実現に向けて、より存分に作業に取り組めるようにする。

期間の終わりは、販売会や納品など、テーマを実現する活動で締めくくれば、その時期の活動にまとまりがつきやすい。販売会なら全員が交代で店番にあたったり、納品なら取引先に全員で出向いて納品とあいさつをし

たりする。終了後には、ご苦労さん会をして、満足感・成就感を分かち合って締めくくるようにする（図4－3）。

図4－3　販売会をテーマにした作業日程計画（レザークラフト作業）

月／日	曜	主　な　活　動		
2／7	月	小銭入れ　100個　｜　キーホルダー　300個	注文品作り	・販売製品、製作目標数等の相談　・材料の注文
8	火			・レザークラフト班だより発行
9	水			・「残業」
10	木			・「ミスタードーナツ」「勉強堂」へ納品
14	月			
15	火	ペンケース　100個		・長時間作業（～29日）
16	水			・「残業」
17	木			
18	金			
19	土			・「残業」ＪＲ千葉駅周辺にポスター掲示
21	月			・レザークラフト班だより発行
22	火			
23	水	めがね立て　300個		
24	木			
25	金			・第27回公開研究会で販売
28	月			
29	火			・搬入準備
3／1	水	「手づくりフェア2000」（～2日）　・実行委員合宿		
2	木	※店番には、全員が交替で当たる。　※追加搬入は、随時行う。		
3	金	後片付け	作業納会（～4日）	
4	土			

▨は、長時間作業（登校後、午前中いっぱい作業を行う）
※注文品も随時受け付け、製作していく。

　下請け仕事等では、週ごとに納品を行うようなことがある。このように短期間で納品を繰り返す場合、例えば1か月程度のまとまった期間の締めくくりとしては納品を位置づけにくい。この場合、その都度の納品で納品数等を確認し合い、期間中の節目として活動に見通しをもちやすくする。その上で、月末の納品時に、その月の総納品数や収益を報告して、その期間のまとめとするなど工夫し、なるべくテーマに沿った一定期間の生活としてまとまりをつけ、しかも、満足感・成就感をもって締めくくれるよう

第4章 援護施設・作業所等での生活づくり

にする。

（4）共に働きながらの支援

◆「指導員」ではなく

　働く作業活動に共に取り組む職員は、利用者と共通のテーマをもち、共に働き、成就感・満足感を分かち合う共同生活者である。

　援護施設・作業所等の職員は、かつて「指導員」と呼ばれていたように、利用者に作業技能や社会生活能力を「指導」する存在と見なされることがある。しかし、援護施設・作業所等を生活の場と見て、そこでの主体的な働く生活の実現を願うならば、そこに「指導する者」「指導される者」という関係をもち込むことはふさわしくない。利用者は、「自ら働く人」であり、職員は「共に働く人」でありたい。

◆職員もめいっぱい働いて

　逆に、利用者の力を最大限に生かした働く生活を願うということで、職員は利用者の作業活動の補助に徹している場合がある。そばで見守ったり、下準備程度の軽作業をしたりしながら、利用者を手助けするような関わり方をする場合である。しかし、めいっぱい働いている利用者のそばで、職員が、同じようにめいっぱい働くことなく補助程度の関わりに終始するのは、不自然である。職員も、共同生活者として、まず自らめいっぱい働き、その中で、利用者に必要な手助けをしていくようにしたい。そのためには、まず何より、利用者一人ひとりに、前述のようなできる状況がつくられていなければならない。できる状況がつくられていなければ、利

用者は、働く作業活動に自分の力で取り組みにくいのだから、職員の手助けや声かけが多くなるのは当然である。したがって、職員が共に、めいっぱい働く状況にもなりにくい。

◆十分にできる状況をつくった上で
　職員は、働く作業活動に取り組む利用者一人ひとりに、作業のできる状況を十分につくる。その上で、職員は利用者と共に働きながら、必要に応じて一人ひとりに合わせて励まし等の声かけをする。共に働きながら、手を添えての手順の確認、材料補充や道具のトラブルへ対応など、場面に応じた手助けを柔軟にしていく。
　利用者と共にめいっぱい働きながら、さりげない支援をしていくことが、作業展開中の職員に求められる。

（5）クラブ等の計画

◆週日課表上の位置づけ
　援護施設・作業所等では、働く作業活動の他に、レクリエーション活動や趣味的活動を「クラブ」等の名称で、週日課表に位置づけている。これらクラブ等の位置づけは、施設の運営方針によってさまざまである。働く作業活動と同じか、それ以上に大きく位置づけられている場合もあるし、ほとんど実施されていない場合もある。
　クラブ等で内容とされるレクリエーション活動や趣味的活動は、社会生活における余暇活動として意味づけられ、豊かな社会生活を営むために、その質の向上が望まれる。また、レクリエーション活動や趣味的活動は、

家庭生活や個人生活の中でも、その人の生活の質を規定する要素である。したがって、クラブ等は、豊かな家庭生活や個人生活を営む上でも大切にされるべきものである。

ただし、働く作業活動を中心とした生活の場として援護施設・作業所等を捉えるならば、前述のように日中の活動は、働く作業活動が中心になる。したがって、週日課表には、まず、1日の午前と午後に各2時間前後で作業を配置し、この生活が毎日繰り返せるようにする。これを基本に、クラブ等の時間を週日課のいずれかの位置に配置する。週の1日ないし2日の午後の時間にクラブ等を配置する。金曜日の午後は、作業を1時間で終え、残りの1〜2時間をクラブ等にあてるというようにする。この場合、例えば、水曜日の午後にクラブ等を配置するようなことは避ける。1週間の生活の流れの中で、午後の働く作業活動が水曜日を境に分断されてしまい、繰り返しの生活となりにくくなるからである。なるべく週末に配置するほうが1週間の働く生活にまとまりができやすい。

働く作業活動を繰り返す生活を大切にするならば、午前中にクラブ等を配置するのも望ましくない。最も活動しやすい午前中の時間は、中心的活動である作業活動を優先するようにする。

◆主体的に取り組める生活の一こまに

週1、2時間程度のクラブ等であっても、漫然と取り組むのでなく、できるだけ主体的に取り組めるようにする。そのために、次のようなことを考慮して、計画・展開する。

①複数の活動種を

クラブ等を計画する際、利用者の希望に添えるよう、なるべく複数の活

動種を用意する。スポーツ、手工芸、料理、ゲーム、カラオケ等々、余暇や家庭生活、個人生活で行われるレクリエーション活動、趣味的活動の中から、多様な活動種が考えられる。活動種が多様であれば、利用者の希望に添った活動を用意しやすくなる。しかし、活動種が、利用者の人数に対してあまりに多すぎると、一つのクラブの人数が少数になってしまうことがあるので、注意する。

②取り組みやすい活動内容

週1、2時間程度のクラブ等では、活動に繰り返し取り組んで習熟していくということはしにくい。したがって、技術的な習熟が要求されるような活動は、なるべく避け、それほど活動を積み重ねなくても取り組みやすいものを考える。また、作業活動と同様に、道具・補助具などのできる状況づくりにも心がける。

クラブ等の活動だから利用者本人が楽しめればよいということで、稚拙な製作活動や一般に子どもが行うようなレクリエーションを計画・展開することは望ましくない。クラブ等といえども、青年期・成人期の社会生活の一こまである。活動内容の検討段階からのできる状況づくりを行い、青年期・成人期の生活にふさわしい活動を計画・展開していく。

③テーマに沿った生活に

クラブ等の時間でも、ただ漫然と活動を楽しむのでなく、テーマに沿った生活を計画することで、できるだけ主体的に取り組めるようにする。例えば、陸上クラブでは、一般向けの地域のマラソン大会に出場することをテーマに走り込む。ソフトボールクラブでは、施設対抗の球技大会を目標にして励む。手工芸等でも、時期ごとの室内装飾作りのように、テーマに沿って見通しをもって取り組めるようにする。

クラブ等の生活のテーマが、中心となる働く作業活動における生活のテーマと関連づけられれば、より見通しのもちやすい生活になる。例えば、中心となる作業活動で販売会をテーマとして取り組む場合、クラブ等で作っている手工芸品を販売会の記念品とするなど、共通のテーマに沿って活動に計画・展開する。

④共に活動しながらの支援

職員もクラブに所属し、共に生活する仲間として、共に活動を楽しみながら、さりげない支援的対応やそれぞれの活動にふさわしい楽しい雰囲気づくりに心がける。

（名古屋恒彦）

第5章　特別養護老人ホーム等での生活づくり

1．特別養護老人ホーム等の生活

(1) 高齢期のQOL

◆高齢期の生活

　『平成11年版厚生白書』によれば、1998年の高齢化率(全人口に対する65歳以上の人の人口比率)は、16.2％、全人口の6人に1人が65歳以上の高齢者であり、「我が国の高齢化は、他の先進諸国が経験したことがない速度で進展している」とされる。

　一口に高齢期といっても、60歳代と80歳代では「ほぼ1世代の年齢差があることから、健康水準や体力の差のみならず、価値観や人生経験も異なる」(『厚生白書』)とされる。この世代間の差は、当然、それぞれの世代の生活のありようの差につながる。また、同じ60歳代であっても、企業や家庭などで現役として働く人もいれば、企業や家庭などでの役割を終えて老人ホーム等で生活する人もいる。

　高齢期の生活のありようは多様であるが、一般に高齢期の生活が問題にされる場合、企業や家庭などでの役割を終えた後の生活にかかわることが問題にされることが多い。これらの生活の場は、家庭生活を継続する形での「在宅」と、家庭生活を離れた「施設」という二つの場でとらえられる。

高齢期の生活の場を在宅と施設という二つの場でとらえる見方は、「高齢者保健福祉推進10か年戦略（ゴールドプラン）」（1989年、大蔵・厚生・自治3大臣合意）、「高齢者保健福祉推進10か年戦略の見直しについて（新ゴールドプラン）」（1994年、大蔵・厚生・自治3大臣合意）にも見られるものである。

ゴールドプランでは、在宅福祉を推進するために、ホームヘルパーの増員、ショートステイ、デイサービスセンター、在宅介護支援センターの拡充がうたわれている。このように、在宅で生活する人たちのさまざまなニーズに対応するためのサービスの拡充が提言されている。新ゴールドプランには、高齢期の生活の場としてグループホームがあげられている。一口に在宅といっても、一人ひとりのニーズに応じた多様な生活の実現が、今後期待される。

一方、施設福祉の推進についてゴールドプランでは、特別養護老人ホーム、老人保健施設、ケアハウス、過疎高齢者生活福祉センターといった生活の場の整備がうたわれている。施設生活においても、利用者のニーズに応じた多様な形態の生活の場が整備拡充される方向である。

高齢期の生活は、在宅であれ、施設であれ、それぞれの場において、多様化しつつあるのが現状である。

◆**高齢期のQOL**

ゴールドプラン、新ゴールドプランでは、高齢福祉サービスの推進に関して、主に制度上の整備や施設設備等の量的拡充に重点が置かれている。しかし、これらのサービスの整備拡充は、目的的には、高齢期の生活の質的な向上を指向すべきものである。高齢期のQOL（質の高い生活）が具

体的にイメージできてこそ、サービスの整備拡充の方向づけも明確になる。

　ところで、今日の障害教育・福祉の分野では、障害のある人がその人なりに自立的に生活することが、その人にとってのＱＯＬすなわち質の高い生活につながると考えられている。ここで言う自立的生活とは、自分の力を最大限に発揮し、人から受ける支援を最小限にして取り組む生活と規定される。この意味の自立的生活は、障害の軽重、生活年齢、発達段階にかかわりなく、だれにでもあり得るものとされている。

　この見方に立てば、自立的生活は、高齢期であっても当然あり得る。したがって、高齢期の生活においても、障害教育・福祉分野で考えられる自立的生活の実現をめざすことによって、質の高い生活の実現を図りたい。高齢期にある人たちの生活を整え、自立的に生活できる状況をつくるために必要な支援的対応を行うことで、高齢期の質の高い生活の実現を図るのである。

　高齢期の望ましい生活の質的側面を表現した言葉として、しばしば使われるものは、次のようなものがある。「生きがいのある」「活力ある」「豊かな」「明るい」「安心な」「健康な」「暮らしやすい」等々。これらの言葉のうちに期待される生活も、障害教育・障害福祉の分野でとらえられる自立的生活を追究することで実現可能である。自分の力を最大限に発揮する生活は、高齢期の人にとって生きがいと活力のある豊かで明るい生活になる。自分の力を最大限に発揮できる状況づくりは、高齢期の人にとっての安心で健康な暮らしやすい状況づくりに通じる。

　高齢期にふさわしい自立的生活を具体的にイメージしながら、その実現をめざし、高齢期のＱＯＬすなわち質の高い生活の実現を図りたい。

第5章　特別養護老人ホーム等での生活づくり

（２）高齢期の生活の場

◆在宅

　自分の家庭あるいは家族の家庭で生活を営む場合である。そこでの生活のありようは、その人自身のこれまでの家庭生活や、家族の家庭生活のありようによってさまざまである。一人ひとりの生活のありようはさまざまであっても、その人本来の家庭生活が保たれ、その中でその人なりに自立的な生活を営めることが望ましい。

　在宅の人たちを対象とする福祉サービスには、次のようなものがある。
①老人ホームヘルプサービス

　「老人ホームヘルプサービス事業運営要綱」（厚生省）に、詳細が定められている。

　おおむね65歳以上の要援護老人（ねたきり老人、介護を要する痴呆性老人、疾病等により身体が虚弱な老人など身体上または精神上の障害があって日常生活を営むのに支障がある老人）を、老人ホームヘルパーの派遣対象者とする。要援護老人のいる家庭に対して老人ホームヘルパーを派遣し、「老人の日常生活の世話を行い、もって老人が健全で安らかな生活を営むことができるよう援助すること」を目的としている。

　老人ホームヘルパーの行うサービスとして、次が定められている。
- 身体の介護に関すること：（ア）食事の介護、（イ）排泄の介護、（ウ）衣類着脱の介護、（エ）入浴の介護、（オ）身体の清拭、洗髪、（カ）通院等の介助その他必要な身体の介護
- 家事に関すること：（ア）調理、（イ）衣類の洗濯、補修、（ウ）住居

等の掃除、整理整頓、(エ)生活必需品の買物、(オ)関係機関等との連絡、(カ)その他必要な家事
・相談、助言に関すること：(ア)生活、身上、介護に関する相談、助言、(イ)住宅改良に関する相談、助言、(ウ)その他必要な相談、助言

②ショートステイ

「老人短期入所運営事業実施要綱」(厚生省)に、「ショートステイ事業」として詳細が定められている。

おおむね65歳以上の要援護老人を利用対象者とする。介護者に代わって要援護老人を一時的に養護する必要がある場合等に、一時的に老人短期入所施設、特別養護老人ホームもしくはこれに準ずる施設、養護老人ホームへの入所により、要援護老人及びその家族の福祉の向上を図ることを目的とするサービスである。入所期間は、原則として7日以内である。

利用施設は、利用者の援護度の程度によって次のように分けられる。利用者が、身体上または精神上の著しい障害があるため、常時の介護を必要とする場合、老人短期入所施設、特別養護老人ホームもしくはこれに準ずる施設を利用する。利用者が、身体上または精神上の障害があるため、日常生活を営むのに支障がある場合、養護老人ホームを利用する。

③老人デイサービスセンター（日帰り介護施設）

「老人デイサービス運営事業実施要綱」(厚生省)に、「老人デイサービス運営事業」として詳細が定められている。老人デイサービスセンターは、おおむね65歳以上の要援護老人及び身体障害者であって身体が虚弱または寝たきり等のために日常生活を営むのに支障がある人を利用対象者とする。通所または訪問により各種のサービスを提供し、利用者の生活の

助長、社会的孤立感の解消、心身機能の維持向上等を図るとともに、その家族の身体的・精神的な負担の軽減を図ることを目的とした施設である。

　老人デイサービスセンターで行われる主なサービスは、次の三つに分かれる。

- 基本事業：（ア）生活指導、（イ）日常動作訓練、（ウ）養護、（エ）家族介護者教室、（オ）健康チェック、（カ）送迎
- 通所事業：（ア）入浴サービス、（イ）給食サービス
- 訪問事業：（ア）入浴サービス、（イ）給食サービス、（ウ）洗濯サービス

老人デイサービスセンターは、これらのサービスの実施範囲等によって、A型からE型までの5つのタイプに分かれる。

- A型：基本事業、通所事業、洗濯サービスを除く訪問事業を実施。
- B型：基本事業、通所事業を実施。訪問事業の各サービスは選択実施できる。
- C型：基本事業のうち、送迎の実施を必須とし、他のサービス中3項目以上を選択実施。通所事業及び訪問事業の5つのサービス中2つを選択実施。主に虚弱老人を利用対象者とする。
- D型：基本事業のうち、生活指導、養護、健康チェックを実施。通所事業のうち、給食サービスの実施を必須とし、入浴サービスを選択実施できる。
- E型：サービスの内容はD型に同じ。痴呆性老人を利用対象者とする。

　老人デイサービスセンターは、1998年10月現在で、全国に6,462か所あり、そのうち、B型が最も多く、4,256か所ある。

④在宅介護支援センター（老人介護支援センター）

「在宅介護支援センター運営事業等実施要綱」（厚生省）に、「在宅介護支援センター運営事業」として詳細が定められている。在宅介護支援センターは、おおむね65歳以上の要援護老人またはその家族を利用対象者とする。この事業は、在宅介護に関する総合的な相談に応じ、介護等に関するニーズに対応した各種の保健、福祉サービスが、総合的に受けられるように市町村等関係行政機関、サービス実施機関等との連絡調整等の便宜を供与し、地域の要援護老人及びその家族の福祉の向上を図ることが目的とされる。在宅介護支援センターは、1998年10月現在で、全国に4,379か所ある。

　⑤痴呆性老人グループホーム

　「老人デイサービス運営事業実施要綱」（厚生省）に、「痴呆対応型老人共同生活援助事業」として詳細が定められている。おおむね65歳以上の中程度の痴呆性高齢者で、家庭環境等によって家庭での介護が困難であり、かつおおむね身辺の自立ができており、共同生活を送るのに支障のない場合を利用対象者とする。グループホームの定員は5人以上9人以下と、小規模の共同生活の場である。日中は、利用者に対して3：1の割合で職員を配置することとされ、夜間も常時1人以上の職員の配置が義務づけられている。

◆継続的居住生活の場となる施設

　老人福祉法第5条の3に規定される「老人福祉施設」には、老人デイサービスセンター、老人短期入所施設、養護老人ホーム、特別養護老人ホーム、軽費老人ホーム、老人福祉センター、老人介護支援センターがある。このうち、家庭に代わる継続的な居住生活の場として位置づけられる

のは、養護老人ホーム、特別養護老人ホーム、軽費老人ホームである。他に、継続的な居住生活の場として、老人福祉施設ではないが、老人福祉法第29条から第31条の4までに規定されるものに、有料老人ホームがある。

①養護老人ホーム

65歳以上で、身体上、精神上または環境上の理由及び経済的理由によって居宅で養護を受けることが困難な人を利用者とし、その養護をする施設（老人福祉法第20条の4）。定員は50人以上である。居室定員は原則として2人以下である。養護老人ホームでは、生活の向上のための指導、身体的及び精神的条件に応じた機能訓練への参加機会の提供、週2回以上の入浴または清拭、教養娯楽設備等の提供、レクリエーション行事の実施などを、利用者に対して行うこととされる。一般の人を対象にしたホームと盲老人を対象にしたホームがある。1998年10月現在で全国に949か所（在所率96.5％）ある。そのうち一般対象が901か所（在所率96.4％）、盲老人対象が48か所（在所率99.5％）ある。

②特別養護老人ホーム

65歳以上で、身体上、精神上著しい障害があるために常時の介護を必要とし、かつ、居宅で介護を受けることが困難な人を利用者とし、その養護をする施設（老人福祉法第20条の5）。定員は50人以上（養護老人ホームに併設等の事情の場合30人以上）である。居室定員は原則として4人以下である。特別養護老人ホームでは、利用者に対する介護を常時行える体制をとること、必要に応じた健康保持のための措置をとること、協力病院を定めておくことなどが義務づけられている。1998年10月現在で全国に3,942か所（在所率99.4％）ある。

③軽費老人ホーム

「無料又は低額な料金で、老人を入所させ、食事の提供その他日常生活上必要な便宜を供与することを目的とする施設」(老人福祉法第20条の6)。60歳以上の人または、60歳以上の配偶者と共に利用する人を利用者とする。A型、B型、介護利用型(ケアハウス)の3種がある。

- A型：利用者は、収入が基本利用料の2倍相当程度以下で、身寄りのない人または家庭の事情によって家族との同居が困難な人とされる。定員は、原則として50人以上である。利用者のために、相談の実施、新聞やテレビなどの配置、レクリエーション等の実施、後退機能の回復などがなされる。食事は給食である。
- B型：利用者は、家庭環境、住宅事情等の理由により、居宅での生活が困難な人で、自炊ができる健康状態にある人とされる。定員は、原則として独立した施設で50人以上、他の老人福祉施設に併設の場合20人以上である。利用者のために、相談の実施、レクリエーション等の実施などがなされる。食事は原則として自炊である。
- 介護利用型(ケアハウス)：利用者は、自炊ができない程度の身体機能の低下等が認められ、または高齢等のため独立して生活することに不安が認められる人で、家族による援助を受けるのが困難な人とされる。定員は、原則として独立した施設で30人以上、特別養護老人ホーム等に併設の場合15人以上である。利用者のために、相談の実施、隔日以上の入浴の実施などがなされる。利用者が自主的に趣味、教養娯楽、交流行事等を行う場合、施設は必要に応じて協力することとされる。利用者は、デイサービス等の在宅福祉サービスを受けることができる。食事は給食である。

1998年10月現在で全国に1,082か所(在所率86.6%)ある。そのうちA

型が250か所(在所率93.6％)、B型が38か所(78.8％)、介護利用型(ケアハウス)が794か所(在所率83.7％)ある。

④有料老人ホーム

有料老人ホームは、「常時10人以上の老人を入所させ、食事の提供その他日常生活上必要な便宜を供与することを目的とする施設であつて、老人福祉施設でないもの」とされる(老人福祉法第29条)。1998年10月現在で全国に287か所(在所率70.1％)ある。

(3) 特別養護老人ホームの生活

◆居住生活の場として質の高い施設生活に

高齢期の生活に対する支援は、在宅サービスと施設サービスからなる。在宅サービスでは、それぞれの家庭等での生活を基盤にさまざまなサービスが提供されるが、施設サービスでは、居住生活の場としての老人福祉施設等で、生活全体にわたるサービスの計画・実施が求められる。

施設等での生活であっても、高齢期にある人が自立的に取り組める生活となることが望まれる。継続的に居住生活を営む場として質の高い生活が期待される。そのために、施設等での生活全体を見直し、整えていく必要がある。

以下、高齢期の施設等での生活の枠組みとして、特別養護老人ホームを例に、1日の生活、1週間・1か月の生活、年間の生活を見る。

◆1日の生活

①起床・洗面

起床時間は、おおむね午前6時くらいである。起床の前後にトイレやおむつの交換などを行う。起床すると、洗面、着替えなどを済ませ、食堂へ移動する。

②朝食

朝食は、おおむね午前7時から8時くらいの間にとる。食堂でとる。食事を終えた人は、居室に戻り、自由時間を過ごす。食後から午前中の活動にかけて、トイレやおむつの交換などを行う。

③午前中の活動

おおむね午前9時から11時30分くらいまでの時間で、日によって以下のような活動を行う。

- 入浴：週2～数回実施。居室から浴室に移動し、その人の身体の状況に応じて、一般浴、機械浴、特殊浴などの入浴となる。入浴は、午前中の活動の中心的活動とされることが多い。入浴が中心的活動となる場合、他の活動は、入浴の待ち時間に行う活動と位置づけられることもある。
- クラブ・レクリエーション等：週1～数回実施。趣味的活動に取り組んだり、買い物等で外出したりする。クラブ・レクリエーション等の内容は、生花、お茶、音楽、手芸、書道、陶芸、園芸、舞踊、喫茶、詩吟、俳句等々、さまざまである。
- 理髪等：理髪は、月に1～数回程度行う。また爪切りや耳掃除なども週1回程度行う。
- 機能訓練：週1～数回、身体機能の後退を防ぐために行う。
- 回診：週1回等、定期的に医師による検診が行われる。

午前中の活動の時間では、検温、トイレ、水分補給などは、毎日欠かさ

ず行われ、利用者の健康保持が図られる。

④昼食

午前中の活動を終えると、食堂に移動し、12時くらいから昼食となる。昼食後は、居室に戻るなどして、自由に過ごす。トイレやおむつ交換なども行う。

⑤午後の活動

おおむね午後2時から4時くらいまでが、午後の主な活動時間となる。午前中の活動に準じて活動することが多い。その中でも、クラブ・レクリエーション等を午後の中心的活動とする場合もある。午後3時くらいにおやつや水分補給を行うことが多い。

⑥夕食・自由時間

食堂へ移動し、おおむね午後5時くらいから夕食となる。家庭での生活に近づけようということで、午後6時くらいに夕食とする施設も増えてきている。食後はトイレやおむつ交換を済ませ、居室等で自由に過ごす。

⑦就寝準備

おおむね午後8時くらいから水分補給、着替え、就寝準備などを行う。

⑧消灯・就寝

午後9時くらいに消灯し、各居室で就寝となる。

◆1週間の生活、月、年間の生活

①1週間の生活

特別養護老人ホームの1週間の生活は、前述した1日の生活の、午前中の活動（おおむね午前9時から11時30分）、午後の活動（おおむね午後2時から4時）の内容を、1週間の中で、どのように配置するかによって、

ほぼ決まってくる。

　例えば、午前中の活動を、月、水、木、金曜日に入浴、火曜日に検診、土、日曜日にまとまった時間を必要とするようなレクリエーション等を行う、という具合に活動が配置される。午前中の活動が入浴を主とした場合、午後の活動は、レクリエーション等がやや多めに配置される。入浴等の待ち時間をどのように過ごすかも、日によって検討され、配置される。

　食事やトイレ（おむつ交換）、休憩などの日常的活動は、毎日ほぼ同じ流れで繰り返すように配置される。

　②月、年間の生活

　特別養護老人ホームでの月、年間の生活は、月ごと、年ごとに行われる行事活動等の配列を中心に計画・展開される。

　月ごとに行われる行事活動としては、例えば、誕生会、食事会、理髪、講師を招いてのクラブ（生花、体操など）などがある。クラブ・レクリエーション等の内容を毎週変えて、第1週は音楽、第2週は陶芸などのように計画される場合もある。買い物等の外出を月に何回かと決めて行うこともある。

　年ごとに折々に行われる行事活動としては、例えば、花見、節句、運動会、納涼会、敬老会、文化祭、クリスマス会、新年会、節分などの季節行事、防災訓練や健康診断、旅行、映画会、地域との交流など定期的に行われる行事活動などがある。

　月ごと、年ごとに行われる行事活動の多くは、利用者相互の交流の機会として有用であるとともに、利用者にとって、生活に節目をつけたり、生活に目当てや見通しをもちやすくしたりするものとしても大切なものとなる。

第5章　特別養護老人ホーム等での生活づくり

2．趣味的な活動を中心にした生活づくり

（1）生活の中心に楽しめる活動・楽しめる生活のテーマを

◆1日の生活の中心となる活動

　1日の生活を主体的に取り組むためには、日中の活動の中に、その人なりに「今日は○○をしよう」と、目当てをもって意欲的に取り組める中心的活動があることが望ましい。特別養護老人ホームの場合、前述のように、日中の生活は、入浴等の日常生活の活動と、クラブ・レクリエーション等の趣味的な活動が主な活動を占めることになる。これらの活動の中で、入浴等の日常生活の活動を、1日の生活の中で、目当てをもって意欲的に取り組める中心的活動とすることは考えにくい。そこで、日中に行われるもう一つの主要な活動であるクラブ・レクリエーション等の趣味的な活動を1日の生活の中心的活動として意味づけ、位置づけることが、特別養護老人ホームでの生活が、より主体的になる上で必要である。

　そのための具体的作業として、クラブ・レクリエーション等の時間を、毎日の生活の日課上に、きちんと確保することと、そこで行われる趣味的な活動の質を高めることが求められる。

◆クラブ・レクリエーション等の時間の確保

　現在の特別養護老人ホームの日中の生活では、入浴等の日常生活の活動にかかる比重が大きい現実が、日課上からも明らかである。その要因としては、利用者の日常生活への支援の多くが、個別的対応でなされる必要があることがある。それに対して、実際に支援にあたる職員数や入浴等に使

う設備数が限られる現実がある。そのため、利用者に必要な日常生活の活動を遂行するのに、日中の多くの時間が割り当てられることになる。同じ事情を背景に、1週間の生活においても、本来毎日設けられるべき入浴の時間でさえ、週数回に限られるという実状がある。

したがって、特別養護老人ホームの日課は、限られた職員数や設備数を最大限に有効活用できる形で、日常生活の活動が配置されることになる。

このため、クラブ・レクリエーション等の時間が、毎日ほぼ決まった時間で確保されることには、困難性が大きい。それでも、週数回は、午前または午後の時間に、まとまってクラブ・レクリエーションの時間を確保したり、毎日の生活の中でも、例えば、入浴の待ち時間を趣味的な活動にあてたりといった努力がなされる。

毎日の生活を趣味的な活動を楽しむことで、目当てや見通しをもった意欲的な生活にするためには、可能な限り、毎日の日課の中で、クラブ・レクリエーション等の時間を確保するようにする。できれば、その時間を毎日の日課表上、一定の位置に、まとまった時間で配置する。クラブ・レクリエーション活動を中心にして、1日の生活の流れを一定にし、取り組みやすく、まとまりのある生活を計画・展開したい。知的な障害がある人の場合、日替わりの生活では、活動に自分から取り組みにくい。毎日同じ流れで生活を積み重ねていけば、一定の生活の流れが日常化し、見通しをもって自分から取り組む生活になっていく。

◆楽しめるテーマを

クラブ・レクリエーション等の時間で趣味的活動に取り組むと言っても、漫然と受け身的に取り組んでいては、主体的な取り組みとなりにく

第5章　特別養護老人ホーム等での生活づくり

い。取り組む活動に楽しめるテーマがあれば、その時間に自分がやるべきことがわかり、期待感をもって、主体的・意欲的に活動に取り組めるようになる。

　前述のように、クラブ・レクリエーション等で取り組む内容は、生花、お茶、音楽、手芸、書道、陶芸、園芸、舞踊、喫茶、詩吟、俳句等々、利用者の興味や関心に応じてさまざまである。それぞれの活動種の特徴を生かしたテーマを設定し、主体的な生活の実現を図る。

　例えば、生花、書道などでは、施設内外での展覧会を計画したり、制作物を使って施設内の決まった場所の装飾を日常的に担当するようにしたりして、制作活動の目的を明確にする。その目的が制作に取り組む生活のテーマになる。

　音楽、舞踊、詩吟などでは、施設内で発表会を行い、他の利用者に楽しんでもらう機会としたり、外部のグループとの交流を計画したりする。発表や交流をめざすことが、生活のテーマとなる。

　手芸や陶芸などでは、製作物をバザーや一般の福祉ショップなどで販売することをテーマにして取り組む。

　園芸等では、時期ごとに生産物を定め、その生産・収穫にかかわる活動をテーマにして取り組む。生産物を調理して食事会を計画したり、ある程度の収穫量が期待できれば、販売したりすることもテーマになる。

　これらのテーマは、いずれも日常的に取り組む趣味的活動での、主体的・意欲的な取り組みの実現を容易にする。テーマに沿って取り組む一定期間の生活は、テーマに沿ったまとまりのある生活となる。漫然と受け身的に取り組む生活、散発的な生活でなく、質の高い生活が期待できる。

　生活のテーマを、月、年間の生活で計画される行事活動と関連させて設

定すれば、月、年間の生活を、いくつかのテーマに沿ったまとまりのある生活の配列として整えることもできる。

　特別養護老人ホームの利用者の多くは、痴呆に伴う知的な障害がある人たちである。知的な障害が重ければ重いほど、例えば、「販売会」などのテーマ自体を意識することが、きわめて困難になる。それでも、他の利用者と共に、テーマに沿ったまとまりのある活動に繰り返し取り組んでいく中で、自分のやるべき活動に、その人なりに自分から取り組めるようになることが期待できる。

　なお、喫茶やカラオケなど、一定のテーマに沿った活動となりにくいものは、決まった曜日にまとまった時間で実施するなどして、一定の生活の流れの中での日常的な余暇的活動としての定着を図る。

（２）楽しめる状況づくり

◆自立的に取り組める状況づくり

　趣味的活動は、その人の興味や関心に沿っての取り組みである。したがって、その活動自体が、その人の興味や関心に根ざした楽しみとなる。しかし、高齢期の身体機能の低下や痴呆に伴う知的機能の低下に伴い、これまでできた活動への取り組みであっても、できない状況に置かれることが多くなる。

　これまで、気に入っていた活動であっても、思うように取り組めない状況が続けば、しだいに意欲も興味も失われかねない。

　そこで、さまざまな支援的対応を講じ、身体機能や知的機能が低下していても、その人なりに自立的に取り組める状況づくりをすることになる。

趣味的活動において自分の力を最大限に発揮し、人から受ける支援を最小限にして取り組める状況づくりを行う。

◆より主体的・自立的に取り組める活動の用意

　特別養護老人ホームで行われる趣味的活動の種類は、基本的には、利用者の興味や関心に基づいて用意されるのだから、多種多様である。しかし、どのような活動種であれ、高齢期の生活の中心的活動として、これらの活動を意味づけるならば、高齢期にふさわしく、主体的・自立的に取り組める活動であることが望ましい。

　そこで、活動を用意するにあたっては、次のようなことに配慮する。

①高齢期にふさわしい活動であること

　クラブ・レクリエーションの時間に、折り紙が取り入れられることがある。そのこと自体は、興味や関心に根ざしたものであればよいが、時として、その出来栄えが、稚拙なものとなることが懸念される。出来栄えのはかばかしくない折り紙作品を施設の壁など飾ることもある。このような場合、その活動に取り組んだことで、結果的に利用者本来の生活年齢よりも低い年齢で、その人たちを評価するような偏見を助長することになりかねない。趣味的活動に取り組む場合、その題材、活動の取り組み、結果が、成人の活動としてふさわしいものであることが望ましい。

　折り紙の例で言えば、身体の障害や知的な障害のために取り組みにくい部分は、大きめの紙を用意したり、後述する道具・補助具等を工夫するなどして、出来栄えをよくする努力が求められる。

②仲間と共に取り組める活動であること

　施設での生活は、家庭生活、個人生活の機能をもつが、一方で、日中の

生活場面では、生活を共にする他の利用者との共同生活の側面もある。クラブ・レクリエーション等で、趣味的活動に取り組む場合は、共通の趣味をもった仲間と共に取り組む生活の一コマとなる。だから、仲間と共に取り組むよさが十分に出せる活動としたい。それぞれの活動種の特徴を生かしつつ、テーマを共有し、共同的に取り組み、満足感・成就感を分かち合えるような活動を計画・展開する。

③継続的に取り組める活動であること

活動が散発的で場当たり的であれば、見通しをもった取り組み、意欲的な取り組み、存分な取り組みは期待できない。そこで、テーマに沿って、継続的に取り組めそうな活動を用意する。製作活動であれば、活動時間中になくならないくらいの十分な量の材料を用意しておく。

舞踊や詩吟等の活動では、その日の練習プログラムをきちんと立案し、時間内で必要十分な活動に取り組めるように用意をしておく。

④多様な活動が用意できること

一つの活動種であっても、その中でさらに多様な活動が用意できれば、取り組む利用者それぞれの得意なことを生かした活動が用意でき、それらの活動に分担して取り組むことで、全体が共同的な活動になる。

製作活動に取り組む場合、障害のある人が、多様な活動を一人で遂行するには困難が多い。結果として出来栄えのよくない作品・製品ができてしまう。作品・製品の出来栄え如何で年齢にふさわしい活動が規定されることは前述の通りである。出来栄えがよくなければ活動への満足感・成就感も小さくなる。だから、製作活動等では、できれば出来栄えのよいものを作りたい。そのためにも、それぞれの人の持ち味を生かして活動を分担できれば、よい出来栄えが期待できる。

⑤繰り返しの活動であること

　趣味的活動を、日中の中心的活動として位置づけ、これに日常的に取り組む場合、取り組む活動の中身が日替わりでは、見通しをもって取り組みにくいし、取り組みの向上も期待しにくくなる。なるべく一定の活動に繰り返し取り組めることが、見通しをもって取り組め、かつ、よりよく取り組めるために必要である。

⑥安全面や衛生面などへの配慮

　安全面への配慮ということでは、使用する材料の人体への安全性、道具等の安全性、運動等ではその活動による健康面への影響等々、活動の特徴に応じて細心の注意を払う。

　衛生面でも、使用材料、活動の場などの清潔に心がけることになる。特に食品を扱う場合等には衛生面への配慮は重要である。食堂を使って活動する場合は、そのことによって食堂本来の機能である食事に衛生上の支障をきたすことがないようにする。

◆活動に取り組みやすい場の設定

　クラブ・レクリエーション等の活動の場は、その活動種が多いこともあって、活動の場が限られがちである。特別養護老人ホームの設備の基準は、「養護老人ホーム及び特別養護老人ホームの設備及び運営に関する基準」に定められるが、そこでは、障害者の援護施設等にあるような作業室や娯楽室、運動場といった、クラブ・レクリエーション等の活動で使用できそうな設備は規定されていない。したがって、生花・書道などの作品制作や手芸・陶芸などの製作を食堂やホールで行うことがある。食堂等の場所的な制約から、日常的に一定の活動に取り組めず、月曜は生花、火曜は

書道というように日替わりで活動内容が異なってしまうこともある。

　趣味的活動を日常的に行うためには、施設内に、それぞれの活動について一定の場所を確保し、活動しやすい場の設定を行っておくことが望ましい。クラブ・レクリエーション等の時間以外でも、その場所に行けば、活動にいつでも取り組めるようであれば、自由時間等をより主体的に活用できるようになる。しかし、現在の特別養護老人ホームの設備基準では、その具体化は困難である。可能な範囲で、望ましい条件に近づけた場の設定をしていくことになる。

　まず、生花は食堂の右半分、書道は左半分というように、活動の場所を確定するようにする。日によって、状況によって活動の場が変わるようでは、利用者にとって、取り組みに見通しがもちにくくなる。

　食堂を製作活動等に使う場合、製作活動に取り組みやすい配置に机や椅子を配置し直すようにする。道具や材料の運びやすさ置きやすさ、利用者の活動のしやすさや移動しやすさなどを考慮し、椅子や机を配置し直す。車イスでの移動を考えた通路の確保等、具体的状況に合わせて場を設定していく。こうして考えられた場の設定は、毎回なるべく同じようにし、一定の活動に繰り返し取り組めるようにする。その場での利用者の席の位置や、道具の置き場なども固定するようにすれば、より取り組みやすくなる。

◆道具・補助具等の工夫

　身体の障害を補うために扱いやすい道具・補助具などを工夫する。また、知的な障害のため、複雑な操作を要する道具等の使用に困難があれば、操作を簡略化できる工夫をする。

日常使用する道具類では、すでに高齢者用に工夫されたものが市販されたりしているが、クラブ・レクリエーション等の趣味的活動に取り組む上での道具・補助具等の工夫は、どこまでも、その人が、その活動に取り組む上で、扱いやすい道具・補助具の工夫という視点で考える。実施の具体的な場面での個人的な工夫を要するものである。
　工夫の視点は、主体的・自立的に取り組める活動となるためであり、そこでは、次のようなことが配慮される。
　「自分から取り組めるように」「自分の力で取り組めるように」「継続して取り組めるように」「正確に取り組めるように」「安全に取り組めるように」「精一杯取り組めるように」「うまく取り組めるように」等々。
　これらのことが、活動に取り組む利用者一人ひとりに、無理なくつくられるような道具・補助具を工夫するのである。
　例えば、机の高さ等も、取り組む活動によって、やりやすい高さがそれぞれにある。食堂を活動の場に替える場合、食事で使う机がそのまま、作業机として使われることが多いが、食事をするのに適切な机の高さと、作業台としての机の高さは必ずしも同じではない。可能な限り、それぞれの活動に合わせて、道具・補助具等を工夫し、用意していきたい。

◆職員も共に活動して
　趣味的活動への取り組み場面では、ともすると職員は、傍観者であったり、手助けに徹していたりということがある。
　しかし、職員も、共に生活する仲間として、趣味的活動に取り組む利用者と共に活動する。共に活動する中で、一人ひとりに必要な支援的対応をさりげなく行うようにする。

この場合、利用者一人ひとりに、できる状況が十分につくられていないと、職員の手助けや声かけが多くなり、職員が共に活動する状況になりにくい。
　職員は、利用者一人ひとりに、前述のようなできる状況を十分につくっておくことが、共に活動するための前提となる。
　できる状況をつくった上で、職員も、利用者とテーマを共有し、共に存分に活動し、満足感・成就感を分かち合う。

3．日常生活の支援

（1）日常生活の諸活動への支援

◆日常生活の中の諸活動
　特別養護老人ホームにおける日常生活の諸活動には、毎日行われるものもあれば、週に数回あるいは月に数回というように行われるものもある。
　毎日行われるものとしては、例えば次がある。
　○朝の支度：起床、洗面、着替え、トイレ（おむつ交換）、検温、体操など。
　○朝食：食堂への移動、食器・食物の用意、食事、服薬、片づけ、歯磨きなど。
　○休憩：居室・静養室等への移動、トイレ（おむつ交換）、軽食、水分補給、散歩など。
　○昼食：食堂への移動、食器・食物の用意、食事、服薬、片づけ、歯

磨きなど。
○夕食：食堂への移動、食器・食物の用意、食事、服薬、片づけ、歯磨きなど。
○就寝準備：着替え、洗面、トイレ（おむつ交換）、検温など。
○就寝中：体位変換、トイレ（おむつ交換）など。

おおむね以上のような活動が、毎日一定の時間に日常的に繰り返される活動である。なお、トイレや体位交換などは、時間を定める他、利用者の状況に応じて随時対応していくことになる。

週に数回あるいは月に数回行われるものとしては、例えば次がある。
○入浴。
○清拭。
○爪切り・耳掃除。
○理髪。
○買い物。

◆**日常生活への自立的取り組み**

特別養護老人ホームでは、利用者の日常生活の諸活動に対し、一人ひとりのニーズに応じた支援が、24時間にわたってなされる。利用者一人ひとりが、その人なりに、日常的に繰り返される諸活動に自立的に取り組めるよう支援的対応を行うことになる。

前述のように、日常生活の諸活動は、日課上の位置づけも大きい。したがって、これらの活動が、それぞれの諸場面で自立的に取り組まれるかどうかで、特別養護老人ホームの生活全般の質が左右されることになる。

（2）生活の流れの中でのさりげない支援

◆生活全体の中での対応

　特別養護老人ホームでの生活活動への支援的対応は、24時間の全生活時間にわたっている。1日の生活がスムーズに、自立的に営まれるために、場面場面に応じた的確な支援的対応がなされる必要がある。
この意味で、日常生活の支援は、単なる日常生活動作（ADL）への支援的対応ではなく、利用者の生活活動全体がより自立的に営めるようにするための支援的対応である。
　特別養護老人ホームにおいては、個々のADLの維持ないし回復を図るために機能訓練が行われることがあるが、日常生活の支援は、自立的生活の実現という意図から、どこまでも実際的場面に即して行われることが必要である。支援的対応は、食事の場面だからこその食事の支援、トイレの場面だからこそのトイレの支援として、適切に行われるべきである。個々の場面で、その人なりに自立的な取り組みが実現し、そのような自立的取り組みが連続していけば、生活全体が自立的になる。日常生活の支援では、単に個々の場面での自立的取り組みが意図されるだけでなく、個別の場面での支援を積み重ね、生活全体の自立的取り組みの実現が意図されるのである。

◆自立的に取り組める状況づくり

　日常生活の支援では、自立的に取り組める状況づくりに努める。すなわち、その人なりに力を精いっぱい発揮して、日常生活の諸活動に、自

分から、自分の力で、首尾よく取り組める状況づくりに努める。この状況づくりに不足があってはならないが、支援が過剰になって、その人の本来の力が十分に発揮できない状況も避けるようにする。要は、過不足のない支援を行うのである。

　そのためには、まず、利用者一人ひとりが日常生活の諸活動で、一人でできることを把握する。

　その上で、どの活動にどのような支援的対応を講じるかを検討する。検討の視点としては、場の設定、道具・補助具等の工夫、共に活動しながらの支援などが検討されることになる。

　場の設定で言えば、例えば、その人が一人で離床して居室を出るのに、適切なベッドの位置や高さを検討し、必要があれば改善を図る。支援を必要とする活動の場の設定や道具・補助具等を検討し、具体的な支援的対応を講じる。

　道具・補助具等の工夫では、その人が扱いやすい食器はどのようなものか、扱いやすい洗面道具はどのようなものか、と日常的に使っている道具等を具体的に検討し、必要であれば補助具を用意する。

　共に活動しながらの支援では、場の設定や道具・補助具の工夫を十分行った上で、なお必要とする支援を絞り込み、様子を見て声をかけたりして手助けをしたりしていく。支援の目的は、どこまでも利用者の自立的取り組みを支えるのだから、強制的な指示や命令、強引な動作の誘導などは避ける。共に活動しながら、さりげなく、優しく対応することに心がける。

（名古屋恒彦）

第6章　障害関係施設の生活についての点検・評価

1. 生活の要素や側面

　施設での生活の様子を点検・評価するには、生活の様子をとらえる視点を明確にしておく必要がある。

　「施設の生活」といっても、生活にはさまざまな要素や側面がある。生活の流れで活動をとらえると、起床から始まり、朝食、洗面、着替えなどと続く。青年期・成人期であれば、働く活動が日中の中心的活動であり、幼児期であれば、遊ぶ活動が日中の中心的活動である。

　週単位では、休日の余暇活動が生活の節目となる。1年単位では、旅行やマラソン大会等の行事が、生活の節目やメリハリとなる。比較的テーマ性の高い一定期間の生活が継続することもある。お楽しみ会の時期の生活、体育祭の時期の生活、バザーの時期の生活というように。

　施設の生活を、そこで生活する人々との関わりに視点を当てて見ることもある。子どもや利用者と職員の関わり、子ども同士・利用者同士の関わり、子どもや利用者と地域の人々の関わり等々。

　生活を生活環境面から見ることもある。施設の環境には、施設の周囲の地域環境と、個室の有無や家具等調度品などの施設内の環境がある。子どもや利用者の生活に影響する諸条件を環境と解釈すると、施設職員の子どもや利用者への対応姿勢等も重要な環境条件である。

第6章　障害関係施設の生活についての点検・評価

　生活の様子を深くとらえるためには、生活のありように関する施設経営の理念や方針にも留意する必要がある。その理念や方針は、生活の過程における、いろいろな活動の意味づけに関係しているからである。

　以下に、施設の生活のありように関して、今日、斯界で一般的になっている理念・思潮を踏まえて、各施設での生活の様子を点検・評価する視点をあげる。

2．普通であたり前の生活になっているか

　今日、斯界では、ノーマライゼーションの理念が世界的に広く浸透しつつある。ノーマライゼーションについては、「障害ある人も、老人も子どもも、同じ社会の一員として存在している社会」をノーマルであるとし、「障害をもつ人たちが同年齢の人たちと同等の権利をもち、同様の生活ができるように生活条件・生活環境条件を整えようという考え方」[1]と規定される。この理念は、1950年代、北欧で提唱されたものであり、障害のある人を含む社会的弱者を地域社会から大規模施設に隔離・分離し、劣悪な環境のもとに収容していたことの反省であった。

　現在では、劣悪な環境の施設は少なくなり、多くの施設では、施設での生活条件・生活環境条件や生活様式を、一般の地域社会に近づけようと努力している。しかしながら、そこで営まれる生活については、改善の余地が多く残っている。

　そこで、時代とともに、「生活の質－質の高い生活」（QOL：Quality Of Life）を求めるようになってきた。多くの施設では、子どもや利用者等一人ひとりが、真に豊かな生活が送れるように、必要な支援に努めるように

なった。

　過去の欧米では、1000～2000人規模の大規模な収容施設が、市民の居住地域から遠く離れた不便なところに設置されていることが一般的であった。施設も、住環境に適した場所にあることが理想的である。そうでないと、交通の利用、商店の利用等、地域との関わりや社会参加に不利が生じる。

　今でも、住環境に適した場所にある施設は少ない。住環境に適した土地を確保しようとしても、施設建設に対する地域住民の反対運動があったり、土地の確保に必要な資金が用意できなかったりする。したがって、住環境に最適な場所に施設を建設することは極めて困難である。

　多くの施設では、地域と関わり、社会参加の不利を少しでも解消しようと、プールや作業室等を地域住民に開放している。また、施設の祭りやバザー等を通して、ボランティアや地域の人との関わりをつくったり、施設から利用者等が地域に出かけて、清掃活動や作業製品の販売を行ったりしている。

　近年、施設に代わる生活の場として、生活寮等グループホームが増えている。生活寮等グループホームは少人数で、一般の住宅を利用し、共同して生活する形態なので、地域との関わりや社会参加の面では、不利が小さくなっている。

　施設内の物的環境についても、食器や家具等、調度品を、一般家庭と同じものに近づけたり、施設内の部屋の作りを家庭風にしたりする施設も少しずつ増えてきている。その上、生活様式についても、一般の家庭の生活に近づけるよう努めている。

　青年期・成人期の居住施設では、個人の生活やプライバシーの尊重のた

めに、個室を設ける施設も増えてきている。条件的に個室を設けることができなくても、間仕切りをして個人に配慮するなど、集団生活の場としての施設で、個人生活が大切にされるようになった。

　施設での生活の様子の点検・評価にあたっては、各施設の生活条件・生活環境条件・生活様式が、普通であたり前のものになっているかどうかが基本的な視点となる。

3．適切な支援が行き届いた生活になっているか

　過去には、障害のある人の教育においても、福祉においても、職業的自立や社会的自立を第一義的な目的として、執拗な「指導・訓練」が行われてきた。そこでは、障害の克服をめざし、機能回復訓練や日常生活動作（ADL：Activities of Daily Living）の訓練に、多くの時間とエネルギーが割かれ、生活そのものが犠牲にされることがあった。

　時代とともに、「障害」を個人の特質としてよりは、個人と周りの状況との関係でとらえるようになってきた。知的障害の場合で言えば、「脳の欠陥」や「知的能力の劣弱」よりは、その結果生じる「社会的不利」を重要視するようになった。その結果、個人を支える周りの環境を整えれば、社会的不利としての「障害」は限りなく少なくなると考えるようになってきた。

　また、新しい「自立」の考え方では、自立的に生活できる・できないを個人のせいにするよりは、周りの状況との関係で云々するようになった。自立的に活動できる状況づくりとしての支援が行き届けば、だれもが自立的に、そして主体的に活動し、生活できるとようになる、と考える。

障害観や自立観の変化に伴い、施設における支援のあり方が変わってきた。一人ひとりが、より自立的に、より主体的に活動し、生活できる状況をつくる支援に努めるようになった。一人ひとりが、力と個性を発揮できる環境や状況をつくることに力を注ぐようになってきた。
　例えば、施設で子どもや利用者に直接関わる職員は、規定上は「指導員」であるが、自らを「生活サポーター」「支援員」と呼ぶ施設もある。作業活動を進めるにあたっては、工具の扱い方を訓練で身につけるよりは、補助具等を開発し、使いやすい工具にして、よりよい製品づくりをめざすようになった。重い障害のある人には、衣類や食器類についても、扱いやすいように工夫・改良が行われるようになった。
　能力の劣弱性への対応よりは、社会的不利を軽減・解消することに力を注ぐようになったのである。
　施設の生活の様子の点検・評価にあたっては、日常生活の背後にある障害観や自立観などにも留意する必要がある。

4．目当てと見通しのもてる生活になっているか

　施設の生活の1日、1週間、1年間など一定期間の生活については、日課、週日課、年間計画などとして立案され、表示されている。
　一定期間の生活の流れを計画するにあたって、基本的に大切にすべきことは、目当てと見通しのもちやすい生活の流れを計画するということである。
　特に子どもや知的障害のある人にとっては、週日課表を単純化し、1日・1週間の生活に規則性とまとまりをつくる必要がある。そのため、まず、1

日の生活の中心となる活動の時間を配置する。その中心的活動の時間を帯状に設定し、1週間の生活・一定期間の生活の軸をつくる。この生活の軸を、施設の子どもや利用者の年齢にふさわしい、自然で実際的な活動でつくる。幼児期であれば遊び等が、青年期以降であれば、働く作業活動等が、その時間帯の主な活動となる。

　1日・1週間の生活の中心となる生活の前後に、着替え、朝の会、昼食、掃除、帰りの支度等々の日常生活の時間を帯状に配置する。こうすることで、毎日同じ時間に、同じ順序で、同じような活動に取り組めるようになり、生活に目当てと見通しをもちやすくなる。自分から、自分で活動し、生活しやすくなる。

　1日・1週間の中心となり、軸となる生活を、テーマのある生活・テーマに沿った生活にすれば、一段と、生活に目当てや見通しがもちやすくなる。自分から、自分で、精いっぱい活動し、生活しやすくなる。

　その場合のテーマは、幼児期であれば、遊び、遠足、運動会、楽しみ会などに関するものが多くなる。青年期以降であれば、働く作業活動と関わって、製品づくり、納品、販売会、作業納会などに関するものが多くなる。さらに、レクリエーションやスポーツ大会、旅行などに関するものが加わる。これらのテーマに沿った生活は、働く作業活動を中心に、節目やメリハリをつけることになる。

　幼児期の子どもや知的障害のある人の生活では特に、テーマを感じ取れるようにする支援が必要である。テーマに沿った具体的で実際的な活動を、毎日、同じように繰り返すことが、テーマ意識をもてるようにする上で、最も有効である。

5．だれもが参加し、活躍できる生活になっているか

　知的障害や精神障害の場合、視覚障害や聴覚障害等身体障害に比べ、障害への必要な支援的対応が見えにくく、分かりにくい。そのため、知的障害等のある人は特に、社会的に不利な状況下に置かれがちである。視覚障害のある人には杖や点字が、聴覚障害のある人には手話通訳者や字幕が、肢体不自由のある人には車椅子等の補装具などがあるが、知的障害や精神障害のある人には、そのような支えはない。それに代わる支えについては、自立的・主体的に活動できる状況づくりとして、総合的になされなければならない。

　知的障害等のある人は、とかく「できない人たち」と見られがちである。しかし、この人たちへの「できる状況づくり」としての支援的対応の不足を考慮すれば、「できない状況に置かれがちな人たち」なのである。

　適切な支援がないときは、「遊べない子」であっても、どの子にも扱いやすい遊具を用意し、どの子もお気に入りの遊具で遊べるようにすれば、どの子も「遊べる子」になる。

　砂場や築山など、多様な遊び方ができる遊び場を生かせば、どの子も自分の好きな遊び方で遊ぶことができる。みんなですべることのできる、幅広の大きなすべり台を設置すれば、どの子も自然に仲間や支援者と関わり、一緒に遊ぶことができる。ルールがあるなど、少々難しい遊びであっても、支援者が一緒に遊びながら、必要に応じて支援的対応をすれば、どの子も、みんなと一緒に遊べるようになる。

　働く作業活動の場合も、作業工程・作業方法、道具・器具や材料等を一

人ひとりに合わせ最適化することにより、どの人も、それなりに作業ができる。

　遊びであれ、作業活動であれ、レクリエーション活動であれ、できないという理由で仲間から切り離し、孤立化させることは避けたい。共通のテーマや目標に沿った活動であることを前提に、一人ひとりにできそうな活動を用意し、できそうな方法を工夫し、できるように支えれば、だれもが共同的な活動に参加し、それなりに自己発揮し、活躍できる。

　施設の生活の様子の点検・評価にあたっては、施設において、仲間や支援者と共に取り組む生活が適切に計画されているかどうか、だれもが孤立化することなく、それなりに自己発揮し、活躍できる生活になっているかどうか、などについて検討したい。

6．思いが大切にされ、反映する生活になっているか

　施設で、豊かに生活するためには、そこで生活する人たちの思いが生活に反映されなければならない。思いにそった生活であれば、生活は自ずと自発的・意欲的になる。

　知的障害等があれば、本人の思いが分かりにくく、軽視されがちである。

　近年、施設では、本人の思いを汲み取る仕組みや方法について検討するようになった。子どもの場合には、子どもの思いを理解し、受け入れる努力が、支援者に要請される。青年期・成人期には、自治会や委員会を設けるなどして、本人の思いを表明しやすい状況をつくるようになった。

　一人ひとりの思いを大切にすることは、一人ひとりを大切にすることに

つながる。一人ひとりの思いは、人間の思いとして同じこともあれば、一人ひとりがみな違うこともある。一人ひとりの思いは、生活のあらゆる場面で日常的に尊重され、生活に反映される必要がある。何をしたいか、誰としたいか、何を食べたいか、何を着たいか、時間をどう過ごしたいか等々。

　施設における、集団の生活から一人ひとりの生活に目を向け、質の高い、豊かな生活を追究するようになった。本来一人ひとり違うはずの、障害のある人たちを、「障害」という共通項でくくり、集団で処遇してきたことを反省し、一人ひとりの欲求、興味、問題意識、要求など、一人ひとりの思いにそった、質の高い、豊かな生活を追究するようになった。

　一人ひとりの思いを大切にした生活づくりでは、生活の過程で、選択できる場面を増やすことになる。衣服や食事、余暇時間等々と関わって、選択できる場面は多様にある。選択の場面を増やすとともに、選択できる内容も範囲を広げる。食事については、メニューから選択できるようにした施設もある。

　支援の仕方についても、一人ひとりに合わせて、最適化しようとするようになった。一人ひとりへの必要な支援を個別的に計画する施設も増えている。

　一人ひとりへの適切な支援に努めれば、必然的に「集団化と個別化」が課題となる。施設は集団の場であり、個人生活の場でもある。したがって、集団生活の中で、どのようにして個人生活を大切にして、一人ひとりへの適切な支援を進めるかが課題になる。

　要するに、個人生活を大切にしながら集団生活を整える方向と、集団生活を整えながら個人生活を大切にする方向を一本化することになる。

施設の生活の様子の点検・評価にあたっては、利用者一人ひとりが思いを表明できる状況があるか、その思いが大切にされ、生活に反映されているか、そのための必要な状況づくりがどのようになされているかなどについて、検討することになる。

7．共に取り組み、感じ合い、分かり合う生活になっているか

　共に活動し、生活することによって、達成感や成就感が大きくなる。達成感や成就感を共感し合えたとき、仲間や支援者と共に活動し、生活するよさを感じ合い、分かり合うことができる。

　一定期間、共通のテーマをもち、目標に向かって、精いっぱいの力を出しきって取り組み、事を首尾よく成し遂げられることができれば、大きな達成感・成就感を分かち合うことができる。

　チームスポーツで、勝つことをめざし、試合に臨む。チームメンバー全員が、精いっぱい、力を出しきったとき、一体感と満足感を分かち合う。精いっぱいの力を出しきり、試合に勝てたとき、さらに、達成感と成就感を分かち合う。

　共通のテーマをもち、同じ目標に向かって、精いっぱい力を出しきって共に取り組み、事を首尾よく、成功裡に成し遂げることができれば、自ずから、大きな満足感や達成感・成就感を分かち合うことができる。

　幼児期の子どもや知的障害のある人の生活では特に、テーマや目標を意識し合えるようにする状況づくりが必要である。人それぞれに、精いっぱい活動できるようにする状況づくりが必要である。「できる状況づくり」

としての支援的な対応がなければならない。

　達成感・成就感を分かち合う機会は、勝負を競うスポーツ大会等に限らない。青年期・成人期の生活では、働く作業活動とかかわって、製品づくり、納品、販売会、作業納会などに関するテーマを設定し、目標達成のために共に活動したときも、満足感・達成感を分かち合う機会となる。

　遊び、レクリエーション、楽しみ会などに関するテーマを設定し、テーマに沿った活動に共に取り組めば、満足感や楽しさを分かち合う機会となる。

　施設の生活で、仲間や支援者と共に生活するよさが最大限に出るようにするには、満足感や成就感を分かち合う機会を多くする必要がある。

　施設の生活の様子を点検・評価するにあたっては、共に取り組み、感じ合い、分かり合う生活になっているかどうかを、具体的な場面や状況を通して判断する。さらに、共通のテーマに沿って共に活動し、満足感や成就感を分かち合える状況があるかどうかを検討することになる。

8．生活年齢にふさわしい生活になっているか

　幼児期であれば、幼児期にふさわしい生活を、青年期には、青年期にふさわしい生活をするのが、普通であたり前のことである。

　知的発達等に障害があると、青年期・成人期であっても、年齢不相応の子どもっぽい対応がなされがちである。生活年齢相応の生活ではなく、発達年齢相応の生活になりがちである。

　青年期・成人期になっても、「～ちゃん」という呼称を付けたり、幼児語で話しかけたりする。働く作業活動の場から、特定の人を切り離して、

ブランコ遊びやすべり台遊びを用意したりする。子ども向けのパズルをしたり、アニメを見たりする場を設けたりする。

　このように、生活年齢不相応の対応になりがちなのは、発達年齢相応の対応から、生活年齢相応の対応への移行が遅れるからである。

　青年期・成人期にふさわしい対応をするということは、知的発達等に障害のある人たちであっても、青年・成人として認め、青年・成人らしい思いにそった対応をするということである。青年・成人らしい思いを大切に受け止め、その思いに共感し、思いにそった支援をするということである。

　青年期・成人期であれば、「個室を持ちたい」「部屋に入るときはノックをしてほしい」「姓に『くん』や『さん』を付けて呼んでほしい」「手紙を封を切らずに渡してほしい」「お金を自分で管理したい」「お金を自由に使いたい」「ショッピングなどで自由に外出したい」「洋服などを自分で選んで買いたい」「おしゃれをしたい」「旅行したい」「海外旅行したい」「選挙のとき、投票に行きたい」等々の思いがあって当然である。

　これらの思いがかなえられるように、思いにそった支援的対応に努めれば、日々の生活は自ずから年齢相応の生活になる。

　施設の生活の様子を点検・評価するにあたっては、青年・成人らしい思いを強め、表示できるように、支援的な対応がなされているか、青年・成人期らしい思いを大切に受け止め、その思いがかなえられるように、思いにそった支援的対応がなされているかなどについて検討することになる。

9．地域の人と関わり、交わる生活になっているか

施設の生活が、地域社会と無縁に展開されてよいはずがない。施設の生活が拡充し、発展すれば、その生活は自ずと、地域社会と関わることになる。

　多くの施設では、地域の人と関わり、交わることを意図して、様々な機会を設けている。プール等設備を地域住民に開放したり、作業活動等に日常的にボランティアを受け入れたり、施設から地域に出かけて、作業製品の販売を行ったり、外出の機会を設けて、地域のレストランを利用したり、商店で買い物したりしている。散髪も、地域の理容店に出向いてするようになった。日常的な散歩やジョギングなどの活動も、地域と関わる機会となっている。

　施設における活動が、日常的に、地域と関わっていて当然である。買い物の練習を施設内で行うのは不自然である。できることなら、実際に地域の商店に出かけて、支援者と共に買い物をしたい。地域の町内会の行事に施設利用者が参加することもある。働く作業活動でも、地域で販売することを前提に、よりよい製品づくりに励みたい。

　比較的障害の重い人が多く生活する施設では、「働く作業活動は難しい」、「作業活動はかわいそう」と、作業活動を訓練的活動や趣味的活動に替えていることがある。この種の活動は、施設内で終始してしまいがちである。

　地域と関わりながら生活することが、普通のあたり前の生活である。施設内での活動も、地域との関わりを意識して展開したい。重い障害のある人であっても、障害が重いという理由で、地域から疎外されてよいわけがない。働く作業活動にも、「できる状況づくり」を徹底すれば、その人なりに取り組めることが多い。

第6章　障害関係施設の生活についての点検・評価

施設で生活していながら、地域の人と関わり、交わる生活をするには、あたり前の生活ができる状況づくりとしての支援が必要である。障害が重ければ、「できる状況づくり」としての支援の必要性は高まるが、その支援に限界はない。

施設の生活の様子を点検・評価するにあたっては、地域の人と関わり、交わる機会や場面がどのように設けられているか、地域の人との関わりや交わりがどのように展開され、深められているか、その際の支援が、どのようになされているか、などについて検討することになる。

10. 本人が納得し、満足する生活になっているか

障害のある人の居住施設に、本人が、最初から希望して入所することは少ない。周りの人の都合で、施設への入所が強要される現実がある。できれば、最終的には、本人が納得した上での施設入所であってほしい。

入所後は、施設生活に適応することが多いが、「これからもずっと生活したい」と思っているわけではない。知的障害者の通勤寮の人たちに、「今、住んでいるところで、これからもずっとずっと生活したいと思いますか」と尋ねた結果は、「はい」が31％であった[2]。

知的障害者更生施設等の利用者の場合は、言葉での意思表示がないことが多いが、だからといって、現状に満足していると判断できない。障害の軽い・重いにかかわりなく、「人としての基本的な思いは同じ」を前提に、その思いに留意した生活づくりに努めたい。なお、家庭で生活する人たちに、上記質問をした結果は、「はい」が63％であった[2]。

通勤寮で生活する人たちに、「今までで、いちばん楽しかったこと、う

れしかったことは」と尋ねた結果は、レクリエーションや趣味に関することをあげる人が多かった。「旅行したこと」「ソフトボール大会で準優勝したこと」「プロ野球観戦」「ボーリング・カラオケに行ったこと」「コンサートに行ったこと」「祭り」「買い物」「釣り」「模型づくり」等々。

「楽しかったこと、うれしかったこと」として、次に多く上げられたことは、職場での仕事に関してであった。「ドライバーで蝶番が付けられたこと」「仕事を任されたこと」「仕事を頑張ってほめられたこと」「会社に入れたこと」「初月給をもらったこと」「ボーナスを家に入れて、両親が喜んでくれたこと」等々。

「楽しかったこと、うれしかったこと」として、3番目に多く上げられたことは、通勤寮での生活に関することであった。「寮で友だちができたこと」「寮の先生や友だちと一緒に食べたり、飲みに行ったこと」等々[2]。

結局、施設の生活を、利用者が満足する生活にするには、上記の「楽しかったこと、うれしかったこと」が多くなるように、必要な状況づくりをすることになる。その状況づくりの方向と方法は、施設生活の充実・発展を図る場合と同じである。

施設の利用者と職員が、共通のテーマに沿って取り組む共同生活の充実を図ることに、まず、努めたい。加えて、家庭生活に替わる施設生活であることに留意し、施設における個人生活を確保し、その充実を図ることに努める。

共同生活においても、個人生活においても、本人の思いを尊重し、思いにそって、日々の生活を進めることが、本人の満足する生活につながる。

施設の生活の様子を点検・評価するにあたっては、施設における日々の生活に、利用者本人が満足しているか、利用者一人ひとりの思いを大切

第6章　障害関係施設の生活についての点検・評価

に、思いにそった生活づくりがなされているか、共同生活で満足感を分かち合える状況づくりに加えて、個人生活で深い充実感が得られる状況づくりがなされているか、などについて検討することになる。

（高倉誠一・小出進）

引用文献
（1）山田純子：「ノーマライゼーション」（「発達障害指導事典」）、学習研究社、1996
（2）NHK厚生文化事業団：「知的発達に障害のある人たちの職業と生活に関する調査報告書－本人よりの聞き取りを通して－」,1996.

付章　共に生きる－感じ合い、分かり合い、支え合い

思いを思いやる感性

　ある小学校の運動会－1年生の応援席でのできごと。子どもたちは、米を入れるビニール袋に、折りたたんだ新聞紙を入れて、それをお尻にしいて、腰をおろしていた。

　1年生の小さい子どもたちの前に、肩幅の広い、たいへん大きな背中の大男の先生がいる。当然のことだが、すぐ後ろの子どもたちは、先生の体で目をさえぎられて、競技を見ることができない。ほとんどの子どもたちは、見ることをあきらめているようだが、時々、歓声があがると、立ち上がって見ようとする。

　ところが、子どもたちが立とうとすると、前にいる大きな体の先生が、後ろを向いておこった。「立つんじゃねぇ、すわれ」と。何を考えているのか、無神経なその教師を、許されることなら、後ろから太目の棒で…と思う。

　ある養護学校の運動会を見に行ったときのこと。小学部の紅白リレーで接戦になった。とうとう、アンカーで勝敗を決することになる。紅組のアンカーの啓さんがリードしていたが、白組のアンカーに差をつめられ、ゴール寸前で追い抜かれてしまった。大きな歓声と拍手が起こる。白組のアンカーはガッツポーズで、観客の視線を一身にあびて、誇らしげであった。紅組のアンカーの啓さんは、しょんぼり、下を向いて歩いていた。

付章　共に生きる－感じ合い、分かり合い、支え合い

　その時、一人の教師が、白組の方から紅組の啓さんのそばへ歩みよる。啓さんの肩に手をかけて、「最後まで、よく頑張ったね。とてもよかったよ」と、慰めの言葉をかけた。啓さんの目からは、涙がこぼれ落ちていた。その時の優しい教師の姿は、とても印象的であった。

思いに共感する感性のよい・わるい

　小学校1年生の英君、正月休みにカレンダーを作る。自分の大好きな電車の絵を12枚描いた。曜日や月日も記入する。12枚の絵を描くのも、月日を記入するのも、1年生にとっては、たいへんな作業であった。

　苦労して作り上げたカレンダーを、休み明けに、担任の先生にあげようと持っていく。先生は、「今年は、いいカレンダーをたくさん、あちこちからもらったから、いらないよ」と言って、その場で突き返した。

　その日、カレンダーを持ち帰った英君は、しょんぼりしていた。こういう先生に、子どもの心、子どもの気持ちを大切にして、子どもと感じ合い、分かり合い、支え合う生活をしてほしいと願っても、願いはかなえられない。

　ちょうど同じ頃、英君は、学校帰りに、校門を出たところで、1円貨幣を拾った。友だちと2人で、近くの交番へ、その1円貨幣を届けたら、交番のおまわりさんが、2人に、「ごほうびだよ」と言って、10円ずつくれた。

　「1円届けたのに、10円もらったよ」と、息をはずませて、家の玄関にとびこんできた。担任の先生と比べて、なんと感性のよい、センスのよいおまわりさんだろうと思う。できることなら、担任の先生と代わってもらいたい。

　このおまわりさんと、カレンダーを突き返した教師を比べると、子ども

の気持ちを大事にするという点では大違い。同じ人類とは思えないほどの、大きな違い。子どもの思いを感じとる感性に大きな違いがある。

　ある年の8月末日、ある養護学校の小学部の低学年の教室に、2人の担任の先生が。女の永先生は、明日から2学期が始まるので、子どもたちのそれぞれの机の上に、花を飾るなどして、学期の始まりの雰囲気を出そうと一生懸命であった。その姿は、とても美しく、優しく見えた。

　それを見た男の角先生が、冷ややかに言う。「あんなことをしたって、勇治は花をむしりとるだろうし、良子は花を食べてしまうかもしれない」と言いながら、せせら笑う。感性のよさ、優しさという点で、2人は、対照的であった。

自然な付き合いを妨げる指導者意識

　ＪＲ東海道新幹線の列車内でのこと。乗り込んだ車両は、普通の車両の半分の小さな車両。その車両で、修学旅行の中学生の一部と乗り合わせた。

　降りる駅が近くなったとき、引率の先生は、いきなり携帯用のスピーカーで、生徒に指示を始めた。一般の人たちもいる小さな車両で、おまけに、すごく音質の悪い携帯用のスピーカーで。「あと10分で静岡駅に着く。荷物を棚からおろしなさい。これからは、一切、席を離れてはいけません」と。

　なぜ、列車内で、スピーカーでがなるのか、きわめて非常識である。指示する教師の姿は、まさしく、命令者であり、禁止者である。5、6歩も歩けば、生徒それぞれの脇に行けるはず。「もうすぐ静岡だよ。そろそろ降りる準備をしようか」と、親和的な話しかけが、なぜできないのか。

付章　共に生きる－感じ合い、分かり合い、支え合い

　私は、後ろ向きになっていたので、その先生の人相をじっくり想像してみた。念のために振り向いて確認をしたが、想像通りの表情の先生であった。このような統率姿勢の先生に、子ども一人ひとりへの共感は、とても期待できそうにない。

　同じ頃、電車の中でのこと、隣の席に小学校5、6年生の女の子が2人乗っていた。その向かいの席に、年老いた母親を連れた35、6歳の素朴な、ごく普通の中年のおじさんが乗っていた。席につくなり、午前中であったが、缶ビールを飲み始めて、2人の小学生に話しかけ始めた。

　話題は、林間学校のことになり、肝だめしのこと、就寝後のいたずらのことなど、自分の小学生の頃を思い出しながら、実に楽しそうに話していた。小学生の2人も、すっかり打ちとけて、去年の林間学校のこと、間もなく始まる、今年の林間学校のことなどについて、心を開いて話していた。その時のおじさんと小学生の間に、完全に共感関係が成立していた。先ほどの修学旅行帰りの先生と子どもの関係とは、大違いであった。

　今から40年以上前のこと、京都大学の心理学の先生方が、ある知的障害者の施設を研究の場として、人格発達の研究に取り組んだ。その施設にいる知的障害の人たちの姿は、他の施設では見られないほど、生き生きとしていると認めて、それが、なぜかを明らかにしようとした。

　検討の結果、導き出された結論は意外であった。その施設の指導者たちは、教職経験のない人たちだから、ということであった。その施設が発足したときは、それまで工場で働いていた人たちが施設の指導員となった。このにわか指導員は、教える先生ではなく、共に働く先生であり、共に生活する先生であった。素人先生としての素朴な心情をもち合わせ、専門家意識にとらわれない先生であった。だから、この人たちと共に生活する知

的障害の人たちは、生き生きとしている、と結論したのである。

　この結論が全面的に正しければ、私は大学における教員や指導員の養成の仕事をやめなければならない。立場上、この結論を認めたくないのだけれども、認めないわけにはいかない。

共に生活する過程での関わり

　私は、人一倍、生活を大切にして教育や指導を進めたいと考えている者であるから、子どもを前にして、いかに教育し、指導するかよりは、いかに生活するかを考えるようになった。何よりも子どもが満足し、教師が納得する生活をするかを考えるようになった。子どもも教師も満足し、納得する生活をするために、子どもと教師のかかわりを大切にする。共に活動し、生活する過程での感じ合い、分かり合い、支え合う関係を大事にする。

　人と人との最高の人間関係、それは感じ合い、分かり合い、支え合いである。教師と子どもの関係は、最もそういう関係になりそうな気がする。なってしかるべきだと思う。しかし、実際には、そのような関係になりにくいようである。

　子どもの立場からいうと、生涯、師と仰ぎ、付き合える教師には、なかなか出会えない。今日の学校には、子どもと教師の真の共同生活もなければ、本気の付き合いもなくなっているような気がする。と言うことは、感じ合い、分かり合い、支え合う関係がなくなっているということでもある。ここに、学校が荒れている根本原因がありそうである。

　なぜ、教師と子どもの関係が、指導者と子どもの関係が、感じ合い、分かり合い、支え合う関係になりにくいのか。理由は簡単である。教え・教えられる関係が、指導し・指導される関係が、まともな人間関係を妨げる

付章　共に生きる－感じ合い、分かり合い、支え合い

からである。感じ合い、分かり合い、支え合う関係を妨げるからだと思う。

統率者タイプの指導者

　中学生がいじめにあって自殺したという事件が、社会的に大きく問題にされた。事件後、学校で反省会が開かれ、その一部がテレビで放送された。学校の集会で、教師が生徒に向かって大声で叫んでいた。「おまえら、彼の死を無駄にする気か。しっかり反省しろ……」と。

　「なんだこれは」と、異様に感じた。高いところから生徒に相対し、檄をとばす教師の姿は、生徒と共に生活する姿ではない。共に生活する生徒の死、しかも、いじめによる生徒の死を、生徒と共に受け止め、考えようとする教師の姿ではなかった。

　テレビで、ある中学校の様子が放送された。一瞬、ミニ軍隊かと錯覚した。1人の生徒が、「1年1組小出進、大出先生に用があってきました」と、大声で言って、職員室に入っていった。

　「なんだこれは」と、つぶやいてしまった。そばにいた息子が、「ぼくたちだって、中学時代、あのようにさせられた。あのようにして入って、教師に思いきり殴られた仲間だっていた」という説明を聞いてゾッとした。

　日本知的障害福祉連盟という団体が、毎年、東南アジアの諸国から、10数人の留学生を受け入れている。その研修コースには、小・中学校の障害学級での実習も含まれていた。その筋から推薦された学校・学級での実習なのだが、ある年の研修生の印象がよくなかった。

　実習生は口々に言った。「とにかく、日本の学校の先生はこわい。子どもに対する命令・禁止、統制・支配などの対応が多い。子どもを立たせたり、座らせたりする体罰が日常的に見られる。学校はあたかもミニ軍隊生

活(ミニ・アーミーライフ)のようだ」「かつて、軍国主義の国だからか」と。

　翌年、研修生もかわり、実習校もかわったが、また同じようなことを言われた。世界的に見ても、日本の学校の先生は、子どもに対して統率者として振るまうようである。

　教員養成のあり方などを検討する、教育職員養成審議会という審議会があって、かつて、私も委員であった。望ましい教師像について話し合っていたとき。校長会を代表する委員の1人であったかと思うが、次のように言う。「このごろの教師は、生徒に甘く見られている。だから、生徒を統率できない。廊下を歩く教師の靴音で、教室の中の生徒を緊張させる教師でなければだめだ」と、統率者タイプをよしとする教師観を力説していた。

　ある大学教授が、学生たちに、次のように言う。「近ごろの教師は、生徒か先生か分からない。めだかの学校の教師になり下がっている。むちを振りふり、子どもを統率する、すずめの学校の教師にならなければだめだ」と大声で自論を述べておられた。

　こういう教師観には反発を覚える。統率者としての教師、支配者としての教師、そういう教師には、子どもと共に生活し、子どもの思いを大切にして、子どもと感じ合い、分かり合い、支え合うことは期待できない。しかし、日本の教育界には、統率タイプの教師を理想的な教師とする教師像・教師観が根強くあるように思う。

「まわりの晴れわたる命令者」

　一人の自閉的傾向の顕著な平君と出合う。しばしば奇声を発し、キー

キーという声を出しながら、教室内等を動き回っていた。しかし、その子どもの母親の言うには、家では落ち着いて、母親と筆談すると言う。鉛筆を持つ平君の手に、母親が手を添えてやる。そして、いろいろなことを尋ねると、鉛筆を動かし、文をつづり、質問に答えると言う。そのお母さんが言うことは、本当かなと思う。ただちには信じがたい気持ちであった。

　私の気持ちをお母さんは察知され、数日後、実際に平君が書いたものだという部厚い記録を見せてもらった。1冊は平君直筆のもの、もう1冊は、お母さんの手で読み易く清書したものであった。その中に驚くべき記述があった。それは、当時の担任の先生が、「平君がなぜそういうことをするのか分からない。どうして、そういうことをするのか教えてほしい」と、質問したことに、平君が、家庭で答えたものであった。

　その内容は、一度読んだら忘れられないショッキングなものであった。「まわりの晴れわたる命令者に、憂いなるぼくの内界の気持ちなど分かるはずがない」と、書かれていた。「まわりの晴れわたる命令者」、つまり教師に、自分の心の内など分かるはずがない、と言っているのである。内界という心理学の専門用語まで使っている。自分の心の内など分かるはずはないから、説明してもしようがない、と暗に言っているのである。

　私ども教師を油断させるために、あえて痴者の風を装い、教師の心の内をすっかり見通している、神の化身のようなものを感じた。高圧的で支配的で、子どもの気持ち、子どもの立場を考えずに、子どもを意のままに動かそうとする、そういう教師一般の姿勢が、強烈に皮肉られている。

「教師くさい」のイメージ

　教師を目指す学生たちに、「教師くさいという言葉があるけれども、教

師のどういう姿をイメージするか」と尋ねたことがある。回答をまとめると、だいたい次の三つになる。

　第1番目は、高い所から子どもを見下ろし、教師の権威をかさに着て、子どもに命令し、子どもの活動を禁止し、そして、子どもを監視する。命令や禁止に反すると、容赦なく子どもを罰する。

　2番目は、自分の考えを常に正しいとし、子どもの思いを無視して、一方的に自分の考えを押しつけようとする。独善的であり、偽善的である。

　3番目は、一見、子どもと親しそうな素振りはする。時には、親しげに近づこうとする。けれども、いつも、目に見えない壁を子どもとの間につくっている。子どもと本音では付き合おうとしない。子どものことは、根掘り、葉掘り知ろうとするけれども、自分の心の内を明かそうとしない。

　私自身、3番目が、一番言い得ているような気がする。学生たちは、わが身のなれの果てとも知らずに、言いたい放題である。しかし、よく突くべきところを突いている。教師くさいということで、学生たちが指摘している3点は、教師と子どものまともな付き合い、まともな人間関係を妨げる3点でもある。

　子どもの思いを無視した、教師の統率的な態度や言動は、きまって、教師が子どもと同じ方向を向いていない時に起こる。教師が子どもと共に活動し、生活していない時に起こる。教師が、子どもを上から見下ろし、子どもを意のままに動かそうとする状況の中で起こる。その結果、子どもの思いを無視し、子どもの思いに逆らうことになる。

共に活動しない指導者

　ある教育センターでの講義をしていた時のこと。突然、大きな怒鳴り声

が聞こえる。何が起こったかと思い、講義を中断する。隣の中学校で、外の掃除をしている生徒の態度が悪いと、大声で注意したのであった。とても、生徒に対する教師の言葉かけとは思えなかった。

　小学校の低学年の子どもたちが中庭で草取りをしていた。教師数人が子どもたちの背後に突っ立って、教師同士でおしゃべりをしていた。それでいて、子どもたちが草を取りながら、おしゃべりをすると、「しゃべるんじゃない」と、後ろから叱りとばす。その時の子どもと教師の関係は、奴隷と監督者のように感じた。

　養護学校の遠足に出かけた時のこと。同じ場所に、小学校に入学したばかりの子どもたちも来ていた。その時の小学校の先生の姿が、大変気になった。大勢の前で話をするのだから、話す先生は立って話すほうがよい。その先生の他に数人の先生がいたが、どなたも、子どもたちと同じように腰を下ろしてはいなかった。腰を下ろす子どもたちのまわりに突っ立っていた。服装も、遠足にふさわしい服装とは言えない。革靴と、どぶねずみ色のスーツの先生も。上着をぬぎ、肩に引っ掛け、チンピラ風の格好をした先生も。その場では、違和感を感じた。

　いきなり、子どもたちの後ろから、「もっと顔をあげろ」「話をよく聞け」と怒鳴る声がした。「注意した」というよりは、まさに「怒鳴った」のである。

　まもなく解散して、昼食が始まったが、先生方は、子どもたちの中に入って食事をしなかった。別な所で、先生方だけで食事をしていた。子どもたちと共に遠足を楽しみ、昼食を楽しむ教師の姿を、そこでは見ることができなかった。平君が指摘した、「まわりの晴れわたる命令者」、そして、学生たちが指摘した「教師くさい教師」の姿が、いずれも、そこに見られ

た。

　修学旅行先で、教師の夕食は別室でということが、いまだにあるらしい。別室の食卓には、贈収賄のにおいがプンプンする料理が並んでいたりする。生徒たちが食事をしている場では、突っ立って、こわい目つきで監視している先生、そして、生徒たちの食事が終わると、特別の食卓で、笑顔で食事を楽しむ先生。生徒と感じ合い、分かり合い、支え合う先生ではない。

「彼女のいつものパターン」

　ある養護学校で遊びの授業を参観。小学部1年生の小さい子ども6人。その6人の子どもが体育館で腰を下ろしていた。その前に、大きな身体の先生が突っ立っていた。6人の子どもは、教師の足元に小さくかたまって座っていた。その子どもたちを上から見下ろして、先生は、授業の導入とやらをやっていた。

　教師の足元で、物言えぬ1人の子どもが、さかんに先生のズボンを下に引っぱっていた。「人類みな兄弟、先生も腰を下ろしたらどうですか」と言いたげであった。その後の授業の講評で、「私の一番言いたいことは、さっき、あの永君が言おうとしていたこと」とだけ言う。

　このごろは、子どもたちの遊びを、ただ観察し、監督している先生は少なくなった。けれども、子どもを文字通り遊ばせている先生は少なくない。乗せてやる、降ろしてやる、引っ張ってやる、押してやる、こいでやる、というふうに。

　障害の重い子どもには、こうした「遊ばせてあげる」という状況に、ある程度ならざるを得ない。だけど、基本姿勢として、共に活動しながら、

子どもの活動を横から支えるということを大切にしたい。共に遊びながら、子どもの遊びを、さりげなく支えたいものである。

　ある養護学校の中学部で、単元「学級園作り」に取り組んでいた時のこと。先生は言う。2月の寒い日であったから、「寒いけど、汗をかくまでがんばるぞ」と。いざ仕事が始まると、先生は、学級園作りの作業をしなかった。ただ突っ立って、気合を入れているだけ。先生が率先して、畑を耕し、学級園作りに汗をかいてみせてほしかった。

　もう一人の先生は、肢体に不自由のある林さんに付きっきりであった。肢体の不自由に加えて、知的障害も重い。10メートルほどの先から、土を入れたバケツのつるを、マヒのある手に掛けて運ぶ。よろよろと歩きながら、時々エンストを起こす。そうすると、先生は、林さんの背中を小突くだけ。五体満足の先生が、なぜ林さんより大きなバケツを持って土を運ばないのか。手ぶらで林さんを小突くだけでは、役不足ではないか。先生が頼りなく見えた。

　教師が、自分では、分担作業をしないで、生徒への手出し、口出しに終始することはめずらしくない。ある養護学校の焼き物班の作業で、先生は橋さんにつきっきり。自分では、分担作業をしないで、橋さんに手出し、口出しをしていた。橋さんはしだいにイライラしてきた。とうとう、泣き声で叫んだ。「先生はうるさいんだ。いやだ、いやだ、いやだ」と。

　先生は、にやにやしながら、参観者の一人に解説した。「あれが彼女のいつものパターンなんです」、と。それを聞いて、実に、いやな感じがした。「そういう言い方はないでしょ」と、橋さんに代わって言い返したかった。私がもし橋さんであっても、同じように口うるさい先生をきらったと思う。その上、「いつものパターンです」と解説されたら、腹が立つ。

支援者としての意識変革

　ある養護学校の高等部の焼き物班でのこと。焼き上がった製品を棚の所まで運んでいた森君が、誤って床に落として割ってしまった。それを見た先生は、「何をぼやぼやしているのだ。謝れ」と、大声で叫んだ。その叫び声に圧倒された森君は、体を硬くして青ざめ、立ったままであった。「何をしてるのだ」と、一段と大きな先生の怒鳴り声が。森君は過度の緊張で、ただ、おろおろするばかり。とうとう、先生は森君の首根っこを押さえ、力ずくで焼き物の破片を拾わせようとする。

　あまりのすさまじさに、私は、そこにいることはできなかった。戸口の方に行き、校長先生と場所を交代する。この後の授業研究会で、またまたびっくりした。「焼き物班の先生方は、一貫して生徒に厳しい指導をしていたのがよかった」と、ごますり意見が出た。

　こういう鬼軍曹のような振舞いを、厳しい指導などと正当化してほしくない。厳しさについては、教師のヒステリックな対応でなく、生徒自身の厳しい取り組みを促す指導と、とらえてほしい。生徒自身が、困難なことに対して精一杯取り組み、首尾よく成し遂げる。そのようにできる状況づくりを、厳しい指導と考えたい。

　一般に、学校では、子ども本人に関わる重要なことが、子どもの意思とは無関係に決められる。そのように決めたことを、本人に押しつける。教師と子どもの関係は、教育する者と教育される者の関係であって、教育する者の教育される者に対する権限は絶大である。いつ、どこで、何を、どのように指導するかは、すべて、教師の一存によって決められる。そのように決められたことが、子どもの意思と無関係に、子どもに押しつけられ

ることが多い。

　教育する者と教育される者の関係は、教育する方が一人前の専門家であり、プロであり、教育される方は、未発達で未熟なものとされる。子どもに知的障害があれば、未熟さが、一層大きく受け止められる。そして、子どもの思いが、ますます軽視される。このことが、教育という名で正当化され、当たり前のこととされる。

　学校ほど、子どもの思いを大切にしないところはないかもしれない。学校時代ほど、本人の思いが大切にされない時代はないかもしれない。日ごろ、教師が子どもに言う言葉は、「させる」「やらせる」ばかり。子どもに対して用意する活動は、すべて、「させる」「やらせる」で言い切る。歩かせる、走らせる、遊ばせる、運動させる、学習させる、発達させる、適応させる、自立させる、就職させる、……。

　さらに、エスカレートして、「将来、結婚させてもよいものか」「子どもを産ませてもよいものか」とまで言う。時には、次のように、訳の分からない言い方をする。「自主的に判断させる」と言う。判断させたら、自主的ではない。「自発的に行動させる」と言う。行動させたら、自発的ではない。「進路を自主的に選択させる」と言う。選択させたら、自主的ではない。「主体的に生活させる」という言い方も、意味が分からない。

　「させる」「やらせる」ではないけれども、「意欲を引き出す」というような言い方にも、教師の横暴さが感じられる。意欲的になる・ならないのは、子ども自身である。教師のなすべきことは、子どもが意欲的に活動できる状況をつくることである。

　ある頃から、指導案で「せる」「させる」の使役語の使用を避けてきた。投稿原稿の査読等で、「せる」「させる」が多いと、それだけで不採択にし

たい気持ちになる。

共に活動しながらの支援

　教師と子どもの関係が、共に生活する教師と子どもであるためには、教師の意識変革が必要である。子どもを、教育され・指導される子どもと見るのではなく、共に生活する子どもと見る。学校で、仲間や教師と生活する子どもは、「生活させられる子ども」ではなく、「生活する子ども」である。「生活する子ども」は、生活の主体者としての子どもである。主体的に生活し、生活を享受する、生活者としての子どもである。

　生活者としての子どもに対して、教師は、子どもと共に生活しながら、生活の充実・発展を図る対応をする。生活の充実・発展を図るために、子どもの生活を整え、そして、支える。子どもの生活を、指導するよりは支えるのである。

　小学校の低学年の生活科の手引書などでも、「指導よりは援助を」「指導よりは支援を」という解説がなされるようになった。今頃になって、という気がしないでもない。生活科における子どもの活動には、教師も共に取り組めるし、共に活動しながら、子どもの活動を支えやすい。従来の教科の学習では、「指導よりは支援を」とは言いにくいが、生活科の活動ならば、「指導よりは支援を」と言いやすい。

　ただ、週3単位時間程度の生活科の時間にかぎって、教師が急変して、指導者から支援者になるというのも、おかしなこと。子どもは戸惑う。大多数の授業で鬼軍曹になっていながら、生活科の時間になったとたんに、ねこなで声で支援者になれば、子どもは、どちらが本当の先生かと思う。

　共に活動し、生活するということは、当事者本人と支援者が共通のテー

付章　共に生きる—感じ合い、分かり合い、支え合い

マをもって、一緒に活動し、そして、成就感・満足感を分かち合うこと。

　ある時期、小学部では、「とべとべ、とんで」というテーマで、共に遊び、共に生活した。中学部では、「花と水の広場をつくろう」というテーマで、共に働き、共に生活した。高等部では、「手づくりフェア」というテーマで、共に働き、共に生活した。教師は、子どもと共に活動しながら、子どもの活動を支え、子どもとの生活を楽しむ。

　この場合の、「支える」ということは、指導というよりは支援。上からの援助ではなく、横からの支えである。子どもと共に生活し、子どもの活動を支えるときの教師は、指導者というよりは支援者である。教える人であるよりは、共に生活しながら、必要な支えをする、パートナーであり、サポーターである。教師が自らを子どものパートナーであり、サポーターであると思えたとき、自然と、子どもの思いを大切にして、子どもを支えるようになる。教える教師であるよりは、支える教師に徹したい。

　ある時期から、指導案の中の、「指導上の留意点」と書いていた欄を、「支援上の留意点」と改めた。

思いを思いやる

　一人ひとりの子どもを思いやることのできる教師・指導者は、例外なく子どもから好かれ、親からも信頼される。一人ひとりの子どもを思いやれば、子どもの立場や気持ちが分かり、子どもと共感できる。

　自分の子どもが幼稚園や小学校に入る時、よい先生に当たってほしいと思う。親として求めた先生は、要するに、「優しい先生」であった。優しいということは、子どもの思いを思いやれるということ。子どもの心の痛みや喜びが分かり、子どもと感じ合い、分かり合える先生であってほし

かった。ヒステリックに子どもにあたりちらし、体罰を容赦なく与えるような先生にだけは、当たってほしくなかった。

　まだ、担任の先生とは会っていない時点で、担任の先生を評価する単純な基準をもっていた。子どもが、2〜3日風邪等で休んだ後、幼稚園や小学校に行った時、「もう、風邪治ったの？」「もう、大丈夫なの」などと、声をかけてくれたかどうかということ。そういう声をかけてくれた先生は、まずまずの、よい先生と判断して間違いなかった。

　子どもが、学校に出てきたことさえ気がつかない先生、子どもの存在に気がつかない先生では困る。「子どもが休んでくれてありがたかった」と思う先生では困る。「今日の授業研究で、あの子が休んでくれて助かった」と言われたら、子どもにとって最悪である。

自然な活動を歪める

　指導という名で、子どもの思いに逆らい、生活を歪めることがある。

　ある養護学校の給食時間でのこと。「給食」という言い方自体よくない。「食を給する」のだから、校長の時、「昼食」と言い替えた。ある学校の昼食の時間でのこと、担任の先生が、「映ちゃん、なに食べたいの」と尋ねる。子どもは、すぐに、プリンに手を出し、取ろうとする。先生は、サッとそれを取り上げて、「これは、まだダメ！」と言う。─ダメなら、聞かなければよいのに。

　しばらくして、先生は、「これはなあに」と尋ねる。子どもは答えられない。先生は、「プリン、プリン、プリン」と、プリプリ言いながら、子どもに、「プリン」と言わせようとする。「プ」だけでも、「ン」だけでも言えたら一口食べることを許す。プリンが終わったら、「今度は何食べた

いの？」と聞く。先生は、プリンの場合と同じように対応する。

　別の学校では、牛乳ぎらいの慶君に、先生が、「牛乳を飲みなさい」ときつく指示する。慶君は、飲もうとしないで、好きなデザートに手を出す。先生は、子どもの手をはらいのけて、「牛乳を飲まなければあげない」と、それを取り上げる。それでも、牛乳を飲もうとしない慶君の顔を押さえて、口をこじあけて、牛乳を流し込んだ。

　いずれの場合も、子どもと教師が一緒に楽しく食事をする雰囲気は感じとれない。ことばの指導という名で、あるいは偏食の改善指導という名で、子どもの活動や生活を歪めているとしか思えない。「楽しい昼食」にはほど遠い。

　これほどまでに、子どもの思いに逆らい、ことばの指導をしなければならないものか。これほどまでに、子どもに意地悪をして、偏食の改善指導をする必要があるのか。もし、自分が子どもだったら、こういう指導はされたくない。このとき、「厳しい指導」をしていた先生自身が、とり肉が嫌いで、食べることがなかったという。

　子どもに嫌いな物を無理強いしても、偏食が確実に改善されるのであれば、多少の無理は許される。しかし、この慶君の場合、こわい担任の先生がそばに近づくと、牛乳をちょっと飲むまねをするだけであった。担任の先生がいない時は、全く飲もうとしないという。特定の人に威嚇された時だけ、ちょっと飲むというのでは、偏食の改善とは言えない。

　きめ細かな系統的・段階的指導という名で、日々の生活における活動の自然性を歪めることがある。「自分の名前を呼ばれたら、振り向いたり、返事をしたりする」を指導する授業。

　まず、第1段階は、5メートル離れたところで、「城君」と呼ぶ。城君が

目を向けたり、返事をしたりすると、ほうびとして、甘なっとうを城君の口に入れる。これを10回やって、次は第2段階。10メートル離れたところで、「城君」と呼ぶ。城君が返事をするなどしたら、同じように甘なっとうを口に入れる。これを10回やって、次は第3段階。

今度は、距離をのばすのではなく、城君の後ろに回って、「城君」と呼ぶ。城君が返事をするなどしたら、同じように甘なっとうを口に入れる。これを10回やって、次は第4段階へ。城君に大好きな遊具を用意する。城君が、大好きな遊びに夢中になっている時に、「城君」と呼ぶ。用もないのに呼び続ける。城君が返事をするなど反応したら、甘なっとうを口に入れる。

子どもと教師が、日々の生活で共に取り組む活動としては、きわめて不自然である。指導という名で、子どもの活動を統制し、不自然にしている。このような無理な指導よりは、自然に名前を呼ぶ、いろいろな場面で、子どもの応答に、その都度、さりげない支援的な対応をする方が自然で、効果的である。

今日、養護学校では、教師1人当たり子ども2人程度。1日のうち、子どもの名前を呼ぶことが何回もある。その時々に、子どもが何らかの応答ができるように、さりげなく、子どもを支えたいものである。

なお、上記授業の指導案の最後に、「指導上の留意点」として、「食べすぎに注意する」と書いてあった。

まやかしの生活単元学習

小学校の障害児学級で、単元「いもを焼いて食べよう」の授業が展開されていた。その授業の後半、先生は、子どもたちに焼きたいもと生のいも

付章　共に生きる－感じ合い、分かり合い、支え合い

の比較に懸命であった。

　最初は色の比較。「焼いたいもはきたないでしょう」「生のいもはきれいでしょう」と説明する。なんだか、焼いたいもに気の毒な気がする。「こっちはきれい。こっちはきたない」と、しつこく、繰り返す。その後で、焼いたいもを子どもに示して、「これはどう？」と聞く。子どもは間違って、「きれい」と答える。先生は期待をうらぎられ、不満。次は、熱い・熱くないの比較。「焼いたいもは、ホラ熱いでしょう」と、焼いたいもに手をつける。それから、「こっちは熱いでしょう、こっちは冷たいでしょう」と繰り返す。生のいもに子どもの手をおいて、「どう？」と聞く。子どもは間違って、「熱い」と答えたので、先生はカリカリ。

　その次は、固い・柔らかいの比較。また、いもに手をのせて、「固い」「柔らかい」をしつように繰り返す。最後に、におう・におわないの比較。子どもの鼻先に、焼いたいもをくっつける。今度こそ食べられるものと思い、手でいもを押さえる。

　ところが、「世の中、そう甘くはない」と言わんばかりに、子どもの手をはらいのける。「こっちはにおう」「こっちはにおわない」と鼻先にくっつける。とうとう6人の子どものうち、2人は、パニック状態になり、キイキイと言いながら、廊下へとび出す。「早くにげて」と、心ひそかに、応援した。

　こうまでして、生のいもと焼けたいものの違いを、教えなければならないものか。子どもの活動は、いもを焼いて食べるという、自然な活動でなくなっている。いもを焼いて食べることを通して、何かを学習する、まやかしの生活単元学習となっている。教師の立場からは、子どもの活動自体を大切にし、支えるというのではない。子どもの活動を手段にして、その活

179

動を通して、何かを指導しようというのである。にがい教科等の内容を、生活というオブラートに包んで子どもに与えるという、いわゆる「オブラート単元」である。

いもを焼いて食べるという自然な活動を積み重ねていけば、生のいもと焼いたいもの区別は自ずとできるようになる。多少、障害の重い子どもでも、いもを焼いて食べる経験を重ねれば、生のいもは、食べないようになるもの。いもを焼いて食べる活動を共に楽しみながら、子どもの活動を、さりげなく支えたいものである。

教育的いじわる

子どもの思いに逆らい、指導者の意のままに、子どもを動かそうとすることがエスカレートすると、子どもに対する意地悪行為となる。いわゆる、「教育的いじわる」である。

ある養護学校の作業学習の時間でのこと、しいたけ班の生徒が、しいたけのほだ木を運んでいた。作業が終わりに近づいて、運ぶほだ木が１本もなくなった。ところが、教師は、運んでいた央君に、「持ってこい」と言う。央君はとまどう。ないのに持ってこいと言われるものだから、どうしてよいのか分からない。教師は、さらに声を荒らげて、「持ってこい」と怒鳴る。央君はおどおどしながら、目の前に落ちていた紙くずを拾い上げる。「ばかもの。それがほだ木か」と、ば声がとぶ。授業のあと、「どうして、あのような言い方をされたのですか」と尋ねると、「"ない"と言わせたかった」と言う。

別の学校では、ほだ木を運ぶのに、わざと、遠回りをしていた。さらに、運びにくくするために、一本橋をつくって通りにくくしていた。こうし

付章　共に生きる－感じ合い、分かり合い、支え合い

て、「一輪車を操作する力を養う」と言う。高等部の織りもの班では、糸がからまって、郷さんが、大変困っていた。先生に目配せをして、先生の手を借りようとしていた。ところが、先生はそしらぬ顔で、郷さんから目をそらす。郷さんは、必死になって目配せをするのだが、先生は、わざとしらん顔。授業の後、「なぜ、あのような冷たいことを」と尋ねたら、「言葉で、助けを求めてほしかったのだ」と言う。

　ある学校の紙すき作業では、紙すきに没頭していた竜さんを、教師が呼んだ。作業を中断して教師のところに出向いた竜さんに、教師は、「別に用はなかったのだけれど、呼んでみたかった。早く戻って作業をつづけて」と言う。授業の後、「なぜ、竜さんを呼んだのですか」と聞くと、「作業を途中で止めても、自分で再開できるようにしたかった」という答えが返ってきた。

　なぜ、教師は、教育という名で、指導という名で、こうも、子どもに意地悪をするのか。こうも、薄情な態度をとるのか。子どもと感じ合い、分かり合い、共に作業をしていないからである。1本でも多くのほだ木を運ぼうと、生徒と共に汗を流していれば、わざとに、作業をできにくくするはずがない。生徒と一緒に「たくさんの織り物作業をしよう」「たくさんの紙すき作業をしよう」としていれば、作業をできにくくするはずがない。生徒の作業を妨げるはずがない。共に作業しながら、さりげなく、細やかに支える教師でありたいと、つくづく思う。

人間として同じ思い

　障害の重い生徒の思いが、とりわけ軽視され、無視されがちである。ある学校で、障害が重く、作業が困難な生徒たちが、別グループで土を運ぶ

作業をしていた。作業がはかどり、運ぶ土がなくなったとき、先生は、一度運んだ土を、もとに戻すように指示した。

別の学校では、障害の重い、作業が困難な生徒のグループが、割りばしを1膳ずつ袋に入れる作業をしていた。用意したはしを、生徒が全部入れ終わったとき、先生は、生徒の前で、はしを袋から、全部出してしまった。そして、「もう一度、入れなさい」と指示した。「せっかく入れたのに、どうして取り出すのか」と聞くと、「生産を目的としてやっているのではなく、訓練としてやっているのだから……」と、き然と答えられた。「子どもの気持ちを思いやる必要はないのか」と問いたかったが、自信ありげな先生の姿に圧倒され、言えなかった。

障害が重いために、自分の思いを表現することが困難な子どももいる。思いが限られていたり、弱いということもあるかもしれない。だけど、子どもを支える者としては、どんなに障害が重い場合でも、人間として同じ思いをもち合わせているということを前提に、日々、子どもに対応したいものである。

思いを全面否定する罰

子どもの思いに、もっとも激しくさからう対応が罰である。子どもの思いを感じとる感性を失っているのでは、と思われる指導者を、しばしば、見・聞きする。

昼食が始まっているのに、中庭に立たされている子どもがいた。ものも言えない子どものようで、本人は、何で立たされているのかさえ、分かっていないように思えた。近づいて肩に手をかけ、「先生に叱られたの？」と、声をかけると、目に涙がにじんできた。「じゃあ、先生のところに行っ

付章　共に生きる－感じ合い、分かり合い、支え合い

て許してもらおうか」と、その子どもを教室に連れて行く。担任の先生は、「余計なお世話」と言わんばかりに、冷ややかな表情で、「まだ、駄目よ」の一言。いやがらせの意味もこめて、一緒に中庭に立ちたかった。

　ある子どもが、学校から帰ったとき、元気がなく、ぐったりしていたという。母親が心配して、子どもの体を見ると、背中にたくさんの手の跡が……。夏で、子どもが薄着だったから、すぐに分かったらしい。このことが地域に広まり、私の耳にまで入る。そのお母さんに会って事情を聞く。2人の担任のうち1人が、教室から離れた時に、他の1人の担任が、子どもに馬乗りになって、たたいたと言う。たたいた理由は、たわいもないもの。食事の時に、別の担任の高先生となら食べるのに、自分とでは食べない、ということに腹を立てて、たたいたという。

　ある日のテレビのニュースで、中学校の教師が、教科書を忘れた生徒に、電流を流していた、と報道された。100ボルト以上の電流を、体罰として流したのだそうだ。その時の、教師の言いわけが、いやらしい。「電気の危険性を体で知ってほしかった」のだそうだ。校長先生の談話もよくあるパターン。「ふだんは、たいへん教育熱心な先生でした」だった。

　ある日の新聞では、小学校の教師が、教室で、特定の子どもに対して、「出て行け、出て行け」の音頭をとっていた、と報道された。また、ある日の新聞では、小学校の教師が、はしを忘れた子どもに、はしを使わず、ごはんを食べさせていた、つまり、「犬ぐい」を強制していたという記事を見かけた。

　ある日の新聞では、中学校の卒業文集に、生徒の通知票を載せたという記事を見た。生徒が書いた原稿を、卒業文集にふさわしくないという理由で、先生が書き直しを命じたという。書き直しの原稿が期限に遅れたから

ということで、通知票を載せたというのである。その通知票の内容たるや、生徒をあれこれと非難するものであった。

職業病「感性喪失」

　子どもの心を大きく傷つけても、全く気がつかずに、得々としている先生も困ったものである。ある小学校の学級委員の選挙の時のこと。選挙の数日前、担任の先生が、数人の子どもを自宅に集めて、根回しをした。「今度の選挙では、いつも当選する佐藤を学級委員に当選させない運動をするように」と。その結果、それまで、毎回選ばれていた佐藤君は落選した。先生は、翌日の家庭向けの学級通信に、次のように書いた。「今回の選挙では、ちょっとした下工作をしたら、もののみごとに、その結果が出た。子どもたちの行動力には驚かされた」と。その学級通信を家庭に持ち帰った佐藤君は、「ぼくを落選させたことが書いてあるよ」と、母親に渡した。佐藤君にとって、このことが、生涯、心の傷として残り、教師への不信感がつのったという。

　子どもいじめの先頭に立つほど、残ぎゃくな教師が、なぜ出てくるのか。子どもに犬ぐいを強制するような、薄情な教師が、どうしているのか。生徒を非難する通知票を、平気で文集に載せるような、無神経な教師が、なぜ現れるのか。下工作で落選させたと書いた学級通信を、当事者本人に持たせて家に帰すような非情な教師は、例外中の例外なのか。そうとは思えなくなってきた。

　職務として、子どもと付き合いを重ねているうちに、子どもに対して、まともな感情をもてなくなってしまったのではないか。職務として、子どもと付き合っているうちに、子どもの思いを感じとる感性がマヒしてし

まったのではないか。月給をもらって、子どもと付き合いを重ねているうちに、子どもと感じ合い、分かり合い、共感できなくなったのではないか。そうだとしたら、職業病「感情鈍麻」、職業病「感性喪失」ということになる。おおいに自戒したいものである。

荘君にわびる

「何とか児の特性」に目を奪われて、子ども一人ひとりの思いを感じとれなくなってしまうことがある。例えば、障害のある子どもを理解するのに、知的障害児の心理特性は、ダウン症児の心理特性は、自閉症児の心理特性は、ということから勉強を始める。そして、自閉症児の心理特性、1何々、2何々、3何々と、暗記する。その結果、自閉症と呼ばれる子どもは、みんな同じと錯覚し、一人ひとりの思いを感じとろうとしなくなる。障害にかかわる共通の心理的特性とやらを大きく見すぎて、一人ひとりの個性や思いを感じとろうとしなくなるようである。

例えば、子どもが自分の思いどおりにならないでパニック状態になった時、あれは、自閉症の特性なんだからと、あまりにも冷静に、冷やかに対応してしまう。鈍感な私のような者には分からない、はかり知れない、繊細な感覚で、深刻な思いをしているのかもしれない。それなのに、その深刻な思いを誠実に受け止めようとしない。

小学部の荘君が、毎朝、係の仕事して、校長室のゴミ箱のゴミを捨てにきてくれる。ゴミ箱のふたを取って、ゴミ箱を外のゴミ捨て場まで持っていって、ゴミを捨てて帰ってくる、という仕事。ある朝、荘君が、廊下にゴミ箱を持ち出したのを見ると、ゴミが一つも入っていない。前日、私は、学校に行っていなかったので、ゴミが一つも入っていなかった。そこで私

は、「今日は捨てに行かなくてもいいよ。ゴミは何もないのだから。ゴミ箱はあそこに置いてきて」と言った。話せない荘君であったが、いつも通りにやれないので、とまどいはじめる。いらいら、おどおどする荘君の目に、心なしか、涙がにじんでくるように見えた。その時になって、私は、「しまった」と思う。荘君の心の内を早めにくみとり、思いやることができなかったことを恥じた。急いで、机の上の書類を１枚とって、丸めてゴミ箱の中に入れた。そして、「ごめんね」とわびて、「ゴミを捨ててきてね」と頼んだ。荘君は機嫌を直して、ゴミを捨ててきてくれた。

　２、３日後、ゴミ箱にゴミが入っていないのを見て、荘君は、校長の机の上の書類を自分で丸めて、ゴミ箱へ捨てようとしていた。そこで、「私の留守中は、必ず、ゴミ箱にゴミを入れておいて下さい」と、教頭さんに頼んだ。私が書類を丸めてゴミ箱に入れたのも、教頭さんに頼んで、ゴミをゴミ箱に入れてもらったのも、いずれも、荘君のゴミ捨てに対する支えのつもりである。

　こういう話を、あるところでしたら、夜の飲み会でからまれた。「ゴミが入っていなかったら、ゴミ箱を持っていかないように、指導すべきではないか」と。この先生と感じ合い、分かり合うことは難しかった。

技法を越えた誠実な対応

　パニック状態になって荒れる宗君が、どういう時にパニック状態になるかを、担任に聞いても分からなかった。その宗君が、中学部３年のときに、一緒にスキー旅行をした。宗君らと私は、２泊３日寝食を共にした。スキー場から宿舎に帰って、スキーを脱いで玄関に入ったとたんに、宗君はパニック状態になり、荒れた。どうやら、その原因は、私にあったらしい。

付章　共に生きる−感じ合い、分かり合い、支え合い

脱いだスキーの板を、宗君が雪に差したのだが、片方のスキーが傾いた。そこで、私が、宗君の見ている前で、その傾いたスキーを無造作に差し直したのである。

　このことが、宗君の気にさわったようである。「倒れたわけでもないのに、無断で差し直すとは何ごとか」と。当人が見ている前で、無断でスキーを差し直した私は、思慮に欠けていた。私ごとき者が感じる以上に、敏感に感じとるこの子どもたちの思いに、もっと感じ合う努力をしなければ、と自戒した。

　私たち教師は、子どもとの付き合いを職務としているうちに、子どもに誠実な対応ができなくなってしまうことがある。専門的な指導技術や技法をなまじ勉強すると、かえって、子どもの思いへの誠実な付き合いが、できにくくなってしまうようである。

　子どもの指導では、子どもをいかにほめるかが重要であると、いろいろな人から教えられる。そして、子どもをほめることに努める。ところが、だんだん年季が入ってくると、ほめ方が空々しくなってくる。大きな声で、「よくできたわねえ」と言うのだが、顔は、あさっての方を向いている。子どもと視線があっていない。もちろん、喜びの感情は伴っていない。

　家の近くを歩いていると、いきなり、知らないおばさんが前に立って、「きれいなおぐしですねェ」と言い、私の顔をのぞきこむ。このように言われたことが、最近、3回あった。その後、新興宗教の勧誘に入るのである。ほめことばで人に近づくように、とマニュアルに書いてあるらしい。勧誘のための技法が示されているようである。

　家庭訪問販売の手引きにも、こう書いてあるらしい。「玄関であいさつしたら、必ず何かをほめること」と。これが、販売員の販売技術らしい。

たしかに、玄関に入ると、すぐに、空々しくほめる。「りっぱなお宅ですね」と。そうは、とても言えそうにないときは、「かわいいお嬢さんですね」と言う。そうは、とても言えそうにないときは、「奥さん、若々しいですね」と言う。
　こんな見え見えのお世辞にのせられる人は、そう多くはないはず。誠実な思いを伴わない技法は、終局的には通用しないと思う。「人と上手に付き合う方法」という本を読んでも、真に、よい付き合いができるものではない。読んだことで、かえって、誠実さを失うかもしれない。「子どもの扱い方・接し方」というようなテーマで講演してほしい、と言われると、話す意欲がなくなる。

愛と共感の教育

　映画の看板に、とてもよい言葉が書かれていた。「マニュアルなんかいらない。あなたらしく抱いてほしい」と。恋人の言葉としても、赤ちゃんの言葉としても通用する。マニュアル通り抱かれても、ハートを伴わなければ、快適にはなれない。ハートは目に見えないものだが、ハートを伴っているかどうかは、よく分かるもの。愛されての愛ぶと、金を払って受ける愛ぶでは、大違いのはず。
　日本テレビの日曜の朝の番組「波乱万丈」で、作家の藤本義一さんが登場した時のこと。中学時代の藤本少年は、大変な非行少年。米軍基地に侵入して、食料品などの物資を盗み、金に替えていたという。やがて、拳銃にまで手を出して、警察に追われるものと思い込み、40日間も逃亡生活をする。北海道を転々とする生活に疲れ果て、中学校へもどった。おそるおそる教室に近づく藤本少年を見つけた担任の先生は、少年に走って近づ

き、いきなり抱きしめ、涙を流して言う。「もう、どこへも行かないでくれ」と。
　藤本少年は、まず、殴られ、たっぷり説教されるものと覚悟していたが、担任の先生の迎え方に戸惑いながらも、感動し、以後、非行からきっぱりと足をあらったという。「もし、月並みに殴られ、説教されていたら、おそらく、立ち直れなかっただろう」「これこそ、本物の教育」と、藤本さんは言う。
　この時の先生は、指導技術として、抱きしめたり、泣いたりしたのではない。生徒を思う自分の思いを、100％本音で、生徒にぶつけただけのことである。これが、愛と共感の教育か。本音をぶつけること自体に、大きな教育的作用がありそうである。なまじ、テクニックを使うよりは、本音で体当たりすることのほうが、教育的作用は大きい。
　最近、教育において一番大切なものは、方法や技術ではないと思うようになった。最も大切なものは、指導者の感性であり、方法や技術が生きるのは、その技法が、指導者の感性に裏打ちされた時である。誠実な思いが伴ったときに、初めて方法や技術が生きる。誠実な思いを伴わない方法や技術は、人間同士のかかわりを機械化させてしまう。指導者と子どもの人間関係を形骸化させてしまう。

共感が優しい理解と対応に
　子どもの思いを思いやると、子どもを優しく理解するようになる。つまり、共感的理解ができる。子どもの思いを大切にして、子どもと共感すると、子どもへの対応が優しくなる。理解も対応も優しくなる。そして、子どもを優しく支えるようになる。

ある日、高等部3年の仲さんが、教室で大便のおもらしをする。18歳の女子生徒仲さんのおもらしはこの時だけではなく、時々あるようだった。おもらしに気がついた担任の先生は、とっさに、「まあ、よかったわね。たくさん出て楽になったでしょ」と、にこにこしながら、後始末をしていた。
　その時の客観的事実は、高3の女子生徒が大便のおもらしをしたということ。この事態を受け止める先生に、子どもと共感しやすい感性があると、子どもの思いを思いやることができる。そして、この事態を共感的に理解する。いつも便秘がちな仲さんだから、排便は、快適なこと、おもらしではあっても、本人にとっては快いこと、と理解する。だから、にこにこしながら、後始末をすることができる。つまり、共感的に理解し、共感的に対応できるのである。
　ところが、子どもの思いに共感する感性がないと、受け止め方が全く違ってくる。「高3にもなって、いい年をして、大便のおもらしをする。こんなことまで、教師がしなければならないのか」と、言うことになる。つまり、仲さんのおもらしを問題行動として受け止める。その結果、この事態に不平不満で対応することになる。子どもの示す同じ姿であっても、子どもと共感関係があるかないかによって、受け止め方も、対応の仕方も、こうも違ってくる。網膜に映るものは同じであっても、受け止める側の思いいかんによって、受け止め方も、対応の仕方も大きく違ってくる。

共感が肯定的受け止めに

　共感関係があると、子どもの姿を、肯定的に受け止め、肯定的に表現するようになる。「鉛筆を持っても、むちゃくちゃ書きしかできない」と言わないで、「鉛筆を持つこともできるし、線を引くこともできる」と言う。

付章　共に生きる－感じ合い、分かり合い、支え合い

「話すこともできないし、聞くこともできない」と言わないで、「何かしてほしい時は目で合図し、『いいよ』と言うと、自分の手で取って食べる」と言う。

「トイレもできない、着替えもできない」と言わないで、「こういうふうに支えれば、トイレはできる」「こういうふうにサポートすれば、着替えはできる」と言うようになる。

多少否定的に言わなければならない場合には、否定的な言い方を先にして、肯定的な言い方を後にする。例えば、「時には遊びから離れることもあるが、好きな遊びには熱中する」と言う。「裁断の長さを、時には、間違えることはあるけれども、次から次へと、たくさん仕事をする」と言う。「焼きすぎて黒くすることもあるけれども、仕事の手順が分かって、たくさん焼くことができる」と言う。「終わりよければ、全てよし」－日本語は後に重点がおかれる。

指導案などでも、子どもの様子を否定的に表現したくはない。「しない・できない」と言ったり、書いたりしたくない。「わがまま、身勝手、注意散漫、自己中心的」などという言い方は禁句にしたい。

どの子どもをも、かけ替えのない存在に

子どもと共感関係ができると、子どもにできる姿を求める。「できる力をつけて、できる姿を」ではなく、「できる状況をつくって、できる姿を」求める。どんなに障害の重い子どもでも、できる状況があれば、間違いなくできるようになる。どの子どもにも、できそうな活動を用意し、その活動を適切に支えれば、すぐに、みんなできる子どもになる。

どの子どもにも遊べる状況がつくられていて、毎日、みんなと楽しく遊

んでいると、どの子どもが欠けても、楽しさが減ってしまう。どの子どもが欠けても、さびしい—そういう状況をつくりたい。そういう関係をつくりたい。「いなくてせいせいした」「休んでくれてありがたかった」と思うような関係をつくりたくない。

　働く作業活動では、みんなが、作業工程の一部を分担して、どの生徒にもできる状況がつくられると、だれが欠けても、作業が進まなくなる。だれに休まれても困ってしまう。教師も含めて、ハンディキャップがあるもの同士が、お互いのハンディを補い合いながら、立派な製品・作品を作り上げる。そういう状況をつくりたい。

　たとえ、作業に困難性のある生徒であっても、いなくては困る生徒、当てにされる生徒になる状況をつくりたいのである。そういう関係をつくりたいのである。それは、だれもかけ替えのない存在になる状況である。

　ある新聞の投書欄に次のような記事があった。

　「今日は、中学生の娘の卒業式。娘から、担任の先生の生徒に対するえり好みのはげしさについて聞いていたが、これほどだとは思わなかった。先生は、式が終わった後、教室で卒業証書を手渡しながら、40人の生徒一人ひとりに声をかけられた。『明るい人でした』などと、ありきたりの感想で、簡単な言葉で義務的にすまされる子がいる反面、『本当に、あなたが、このクラスでよかった。あなたがいなかったら、このクラスはどうなっていたことか、あなたのお陰で…』と、ひときわ大きい声で、長々とほめ言葉をかけられるお気に入りの子がいる。

　後の39人は、いったい、このクラスにとって、何だったのか。首を傾けたくなる。40人が互いに支え合ってこそのクラスではなかったのか。娘が、今まで先生の言葉に違和感を抱き続けてきた理由がよく分かった。」

（朝日新聞、投書欄）

　教師の、子ども一人ひとりを思う思いに欠陥があって、一人の子どもを除いた他の子どもが、かけ替えのない存在にならなかった。どの子どももかけ替えのない存在となる学級には、ならなかったのである。かけ替えのない存在、と思われた子どもは幸せである。どの子どもをも、かけ替えのない子どもと思える教師は、もっと幸せである。そう思える教師は、間違いなく、どの子どもからも、かけ替えのない先生と思われるから。

小さな曼陀羅の世界を

　仏教用語に曼陀羅という言葉がある。曼陀羅の意味が理解できかねていた。ある時、高野山大学の学長さんの講演をうかがい、自分なりに多少分かったような気がした。

　曼陀羅の絵図には、たくさんの仏が描かれている。中央の大日如来だけが完璧な仏で、他の仏はいずれも、どこかに欠陥のある仏。欠陥のある仏であっても、例えば、勇気のある仏だとか、力持ちの仏だとか、優しい仏だとか、というように。それぞれの仏のよさ、そのよさがわずか1％のよさであっても、そのよさが100％に拡大されて、かけ替えのない仏として、描かれているのだという。

　どの仏にも欠陥があるのだけれど、どの仏にもその仏らしいよさがある。その仏らしいよさが、他の仏にはない、その仏だけがもつよさとして、認められている。一定の地域に存在するたくさんの仏は、いずれも欠陥をもちながら、そのよさが最大限に認められ、かけ替えのない仏として描かれている。これが、曼陀羅の絵図であり、世界のようである。

　せめて、身近な社会を曼陀羅の世界に、少しでも近づけることができた

らいいなと思う。だれもが個性的よさを認められ、かけ替えのない存在となる、小さな曼陀羅の世界を、まず、身近な所につくりたいものである。

　一人ひとりの子どもを思いやる指導者の誠実な態度は、子どもの姿を直接生き生きさせるだけではない。子ども同士のかかわる態度にも影響する。私たち教師が、どの子どもをも受け入れて、是認する態度をとると、いつしか、子ども同士が、仲間を受け入れ、是認するようになる。私たち教師が、集団内の特定の子どもに対して、無視したり、軽視したりする否定的な態度をとると、集団が、その子どもに対して、否定的な態度をとるようになる。それほど、指導者の子ども一人ひとりへの対応の仕方が、大きな意味をもつのである。

　教師の子どもへの思いやりは、子ども同士の思いやりを促す。思いやりが思いやりを呼び、思いやりを広げる。優しさが優しさを呼び、優しさを広げる。その思いやりの輪・優しさの輪の中心にいるのが、教師である。

　遠藤周作さんだったと思うが、次のようなことを書いている。「青年は、肥料で植物を育てる。壮年は、手で植物を育てる。老年は、心で植物を育てる。植物も、優しく声をかけながら世話をすると、美しい花をつける」と。私も、その通りだと思う。優しく声をかけながらの世話は、自ずと細やかな丁寧な対応になる。細やかな丁寧な世話がなされれば、植物も、美しい花をつけて当然である。

さりげなく、細やかに

　知的障害等のある人たちの発達年齢や精神年齢に視点を当て、未発達性にのみ目を向けると、どうしても、上から見下す付き合いになってしまう。生活年齢を重くみて、生活年齢相応の付き合いを大切にしたい。上か

ら見下す付き合いでなく、横から支え、支え合う付き合いをしたいものである。

　養護学校の中学部の生徒たちと付き合った中学生がこんなことを言っている。交流教育の後に書いた作文である。「多分、教えてもらうということが嫌だったんじゃないかと思う。同じ学年だぞ、教えてもらうんじゃなくて、一緒にやるんだと思ったんじゃないかな。こんなことを今日感じた」と。この中学生は、養護学校の生徒の思いを敏感に感じとっている。よい感性だと思う。

　もう1人の中学生も同じようなことを言っている。「そうやって教えている時に、この前の時みたいに、こっちが上というか、自分より小さい人に教えているみたいになってしまい、そこが、何と言っても難しいところだと思いました」と。りっぱな感じ方だと思う。上からでなく、横から支えることの必要性、横から支えることの難しさについて端的に指摘している。この中学生たちの姿勢に学びたいものである。

　私自身、大切にしている座右の銘がある。それは、「春風化雨」という四字熟語。春風は、穏やかな春の風という意味。化雨は、植物が育つのにほどよい雨という意味。化には、導き変える、感化などの意味がある。春風化雨とは、穏やかな春の風、植物が育つのにほどよい雨－それが転じて、よい教育の意味。

　よい教育を、穏やかな春の風、植物が育つのにほどよい雨のごときもの、と考える人が、大昔からいたことに驚いた。遅ればせながら、私も、春風化雨のように、子どもをさりげなく、細やかに、優しく支えられる教師でありたいと思う。

　教える教師であるよりは、支える教師でありたい。直す教師であるより

は、支える教師でありたい。統率者・指導者よりは、支援者としての教師を目指したい。

　指導者の子どもに対する支援は、上からの援助になりがちである。指導者と子どもの上下関係が固定化していて、上からの援助になり、横からの支援になりにくい。上からの助けになり、横からの支えになりにくい。最良の支援は、横からのさりげない、細やかな支えである。どうすれば、横から、さりげなく、細やかに支える最良の支援者となれるか。最良の支援者となるための極意－それは、相手に支えられているということを、本音で思える心境になること。

　子どもに支えられているということに、早く、気づくことである。見かけは100％自分が支えているという状況であっても、実は、子どもに支えられているもの。子どもの障害等が重く、見かけ上は、教師の側からの全面介助であっても、心の面では、相互支援の関係にあるもの。子どもとの、感じ合い、分かり合う共感の延長として、支え合いの心境に達したいものである。

支えられたことを実感

　今からちょうど10年ほど前、大腸ガンを宣告された。死を宣言されたも同然と受け止め、大変、惑い、悩み、落ち込む。まだ、どこの病院に入院できるかも分からない状況のなかで、校長として附属養護学校へ出勤した。毎週出勤することになっていた月曜日だったから。

　まず、教職員の朝の打ち合わせで、病気のことを打ち明け、入院を予告した。その後、全校朝会で、子どもたちに話した。子どもたちの前に立つのも、これが最後かなと思う。子どもたちに心のうちを察知されないよう

付章　共に生きる−感じ合い、分かり合い、支え合い

に、なるべく簡単に、さらりと話すことにした。朝会の話は、ふだんでも30秒ぐらいで終わるようにしていたが、この時は、15秒間ですますことにした。言葉を選び、練習もする。

　子どもの前に立ち、次のように話す。「きょうは、私のからだの話をします。おなかの中に悪い物ができたようです。病院に行って、悪いところを切ってもらいます。しばらくの間、学校を休ませてもらいます」と話し、その日の朝会の話を終わる。その後、いろいろな朝会活動が続いた。朝会が終わって、体育館を出ようとすると、1人の女の生徒が私の前に立って、うつむいて言った。「先生、早く病気を治して、きっともどってきて下さい。わたし、待っています」と。とつとつとしながら、しかし、非常にしっかりとした口調で言ってくれた。この時ばかりは、感性の悪い私も、涙をおさえることが大変であった。

　これまで、私は、教師が子どもを思いやっても、子どもからの思いやりは期待できないと思っていた。教師が子どもと共感しても、子どもからの共感は期待できないと思っていた。教師が子どもを支えても、子どもに支えられることはない、と思っていた。私の思いあがりであった。この時、私は子どもから、これ以上ない優しい、思いやりを受けたのである。子どもから、何よりも強く支えられたのである。

　このことをきっかけに、この子どもたちから、日々、いろいろなことで支えられていることに気づいた。どんなに障害の重い子どもであっても、無言のうちに、身をもって、私を支えてくれていることが分かった。子どもたちのすてきな姿に支えられて、この仕事を続けてきたことに気づいたのである。

　教える時は、教師はプロかもしれない。しかし、子どもと共に生活する

時は、同じ人間であり、単なる人生の先輩である。共に生活し、感じ合い、分かり合い、支え合う、そういう子どもと教師の関係でありたいと思う。

説明されない思いへの共感

　大腸ガンから8年後に脳梗塞を体験した。脳の血管の先端部分がつまってしまったのである。

　朝9時ごろ、家を出た。最寄りのJR津田沼駅で、自分の身の異変に漠然と気づく。電光掲示板で、上り快速列車が何時何分、何番ホームか、よく読みとれなかった。自分自身に原因があるとは思えず、あいまいに、「変だな」と感じながら、ホームへ降りる。

　予定通り、東京駅から、博多行の列車に乗り、山口県岩国市へ向かう。言いようのない不快感・不安感を感じていた。京都に着くころ、手帳の表紙ウラにメモを書きはじめた。飛行機の墜落直前に、乗客が手帳にメモを書き残していたという話を思い出していたようだ。

　「10／21　13：00　SOS」
　「津田沼駅トイレを出て異常　立ちくらみ」
　「のぞみ乗車　軽い頭痛」
　「12：0　サンドイッチ（食べるが）　残す」
　「京都13：7　左前頭部軽い頭痛」
　「右側見えにくい　次は岡山一見えるのがおくれる」

　途中、広島で乗り換え、夕刻、岩国着。夜の会食では、ビール等は、きっぱり断る。こういうことは、私としてはめずらしいこと。夕食後、風呂に入ることもなく、下着を替えないまま寝てしまう。

　翌日の大会は午後1時から。午前10時に宿を出て、12時までの2時間、

金帯橋の橋のたもとですくたまっていた。講演の原稿に目を通す気にもなれない。言いようのない気分で、もんもんと時をすごす。観光客から記念写真を撮るから、場をあけてくれと言われ、すごすごと移動。みじめな思いをする。

　午後1時からの開会式では、理事長として「あいさつ」をすます。その後、控室で身体を休め、2時から1時間半の講演。椅子が用意されたが、立ち続けた。「無事終了」と言ってよいかどうか判断しかねる。

　講演終了後、予定では、大阪からの夜行列車で山形県鶴岡市へ。山形行を中止するかどうか、自分では判断できない。山口県特連の中道さんの助言で、山形行を中止。広島から東京の航空券の手配までしていただく。

　夜の移動では、不快感・不安感はますます強まり、頭の中は、もうろうと興奮がいっしょ。こういう状態であったことも、後になってよく分かったこと。この時点では、自分で自分の状態を説明できない。夜12時過ぎに、船橋市の自宅にたどり着く。

　翌朝、事態の重大性を漠然と感じながら、自分から、近所のかかりつけの内科医へ出向く。医師は、即座に、脳のトラブルを察知し、脳外科と眼科のある病院を紹介。私自身は、脳外科を紹介されたことを意外に感じていた。「見えにくい」ということだけを気にしていたので。

　紹介された病院へ、一人で、その足で行ったが、受付から受診までの手続に難行。家に電話したが、病院の名前を、すぐには伝えることができなかった。妻は、事の重大性に気づき、病院へかけつけた。病院の玄関に入る妻の顔を見つけた時、「ジゴクにホトケ」の思いがした（普段は、「ジゴクにオニ」だが）。診察の結果、脳梗塞と診断された。すぐに、点滴による治療を受け、不快感は徐々に軽減。

21日の朝から23日の昼過ぎまでの50数時間、自分の状態を冷静には感じとれなかった。だから、人に説明したり、訴えたりもしにくかった。自分の状態を人に説明できないもどかしさを感じた。自分の思いを人に分かってもらえない悲しさを感じた。なすべきことを、自分で判断し、決められないなさけなさを感じた。今回の体験を通して、本人が説明しにくい思い、本人が説明できない思いを思いやることの大切さと、難しさに気づいた。

　知的障害等のある人の場合、本人の思いが、本人から説明されないことが多い。

　脳の中のトラブルがほとんどおさまったころ、東京都育成会の会報「東京手をつなぐ親たち」に、次のように書いた。「新春メッセージ」として書いたもの（原稿は暮れに発送）。

　「説明しがたい思いにも共感－残された人生のモットー」という標題で、

　「ご本人が説明しにくい思いにも、誠実に共感できるようになりたい、これが、私自身のこれからの人生のモットーになりそうです」と書く。

　本稿は、講演記録（全日本特殊教育研究連盟東北地区研究大会盛岡大会報告集）に加筆したものである。

（小出　進）

文　献

第2章　児童福祉施設と学校
- 厚生省「社会福祉施設等調査報告」．
- 文部省初等中等教育局特殊教育課「平成10年度特殊教育資料」，1999.
- 文部省「平成11年度学校基本調査報告書」，1999.
- 文部省「平成12年度文部統計要覧」，2000.
- 日本知的障害福祉連盟編「発達障害白書1999年版」，日本文化科学社，1998.
- 日本知的障害福祉連盟編「発達障害白書2000年版」，日本文化科学社，1999.
- 日本精神薄弱者福祉連盟編「精神薄弱問題白書1974年版」，日本文化科学社，1973.
- 日本精神薄弱者福祉連盟編「発達障害白書1997年版」，日本文化科学社，1996.
- 日本精神薄弱者福祉連盟編「発達障害白書1998年版」，日本文化科学社，1997.
- 社会福祉の動向編集委員会編「社会福祉の動向1999」，中央法規出版，1999.
- 幼児保育研究会編「最新保育資料集1999」，ミネルヴァ書房，1998.

第3章　保育所・通園施設等での生活づくり
- 千葉大学教育学部附属養護学校「第27回公開研究会開催要項・指導案」，2000.
- 平井信義監修「新保育所保育指針解説」，ひかりのくに，1990.
- 倉橋惣三他「日本幼稚園史」，臨川書店，1983（復刻）．
- 小出進監修「実践遊びの指導」，学習研究社，1992.
- 小出進「講座生活中心教育の方法」，学習研究社，1993.
- 小出進監修「実践子ども主体の生活単元学習」，学習研究社，1995.
- 小出進編集代表「発達障害指導事典」，学習研究社，1996.
- 厚生省「社会福祉施設等調査報告」．
- 厚生省監修「平成11年版厚生白書」，ぎょうせい，1999.
- 文部省「幼稚園教育要領解説」，フレーベル館，1999.
- 文部省・厚生省児童家庭局「幼稚園教育要領・保育所保育指針〈原本〉」，チャイルド本社，1999.
- 森上史朗「児童中心主義の保育」，教育出版，1984.
- 森上史朗他編「幼稚園教育要領解説」，フレーベル館，1999.
- 名古屋恒彦「知的障害教育方法史　生活中心教育戦後50年」，大揚社，1996.
- 日本知的障害福祉連盟編「発達障害白書2000年版」，日本文化科学社，1999.

第4章　援護施設・作業所等での生活づくり
- 千葉大学教育学部附属養護学校「第27回公開研究会開催要項・指導案」，2000.
- 糸賀一雄「精薄児の実態と課題」，関書院，1956.

- 小出進監修「実践働く力を育てる」，学習研究社，1983.
- 小出進監修「実践作業学習」，学習研究社，1992.
- 小出進「講座生活中心教育の方法」，学習研究社，1993.
- 小出進編集代表「発達障害指導事典」，学習研究社，1996.
- 厚生省「社会福祉施設等調査報告」．
- 名古屋恒彦「知的障害教育方法史 生活中心教育戦後50年」，大揚社，1996.
- 日本知的障害福祉連盟編「発達障害白書2000年版」，日本文化科学社，1999.
- 日本精神薄弱者福祉連盟編「発達障害白書戦後50年史」，日本文化科学社，1997.
- 社会福祉の動向編集委員会編「社会福祉の動向1998」，中央法規，1998.
- 全国障害者通所活動施設リーダー職員研修会実行委員会「重い障害のある人の地域生活援助確立のためにNo5」，1999.
- 全日本手をつなぐ育成会「障害の重い人の暮らし」，1995.

第5章　特別養護老人ホーム等での生活づくり
- 小出進監修「実践働く力を育てる」，学習研究社，1983.
- 小出進監修「実践作業学習」，学習研究社，1992.
- 小出進「講座生活中心教育の方法」，学習研究社，1993.
- 小出進編集代表「発達障害指導事典」，学習研究社，1996.
- 厚生省「社会福祉施設等調査報告」．
- 厚生省監修「平成11年版厚生白書」，ぎょうせい，1999.
- 名古屋恒彦・高倉誠一・清宮宏臣「保育所・特別養護老人ホームにおける望ましい生活づくり」，千葉市大学等地域連携推進事業地域連携研究による成果報告書，2001.
- 社会福祉の動向編集委員会編「社会福祉の動向1999」，中央法規出版，1999.

第6章　障害関係施設の生活についての点検・評価
- 権利擁護センターすてっぷ「'97すてっぷ権利擁護セミナー　施設における人権〜利用者の権利擁護に配慮した処遇を目指して〜」，1997.
- 小出進監修「実践働く力を育てる」，学習研究社，1983.
- 小出進「講座生活中心教育の方法」，学習研究社，1993.
- 小出進「自己決定と本人参加総論」，精神薄弱問題白書1994年版，日本文化科学社，1993.
- 小出進「新しい自立観総論」，発達障害白書1996年版，日本文化科学社，1995.
- 小出進編集代表「発達障害指導事典」，学習研究社，1996.
- 小出進「新しい障害観総論」，発達障害白書1997年版，日本文化科学社，1996.
- 小出進「総論」，発達障害白書戦後50年史，日本文化科学社，1997.
- 名古屋恒彦、高倉誠一、清宮宏臣「保育所・特別養護老人ホームにおける望ましい生

活づくり」，千葉市大学等地域連携推進事業地域連携研究による成果報告書，2001.
・東京都福祉局障害福祉部精神薄弱者福祉課「知的障害児・者施設処遇あり方検討委員会報告書」，1998.
・全日本手をつなぐ育成会「私たちは安心して豊かに暮らしたい－人権の確立と擁護－」，1997.

あとがき

　本書は、戦後日本の知的障害教育の実践過程で、指向され、発展してきた生活中心教育思想に立ち、障害児保育、障害福祉、高齢者福祉の実践の見直しを意図して執筆したものです。特に、生活中心教育の基本的実践論である「生活づくり論」を、障害児保育、障害福祉、高齢者福祉等の場へ適用し、それぞれの場での生活づくりに、一定の方向づけを試みることに意を注ぎました。

　本書が、これらの実践現場で働く人たちにとって、共に生活する障害幼児、障害のある人、高齢期にある人などの主体的・自立的生活の実現を図る生活づくりのヒントとなれば幸いです。

　生活中心教育の理論や実践を、障害児保育、障害福祉、高齢者福祉等とかかわって詳述した類書は、現在ありません。したがって、この方面での参考書をあげることはできませんが、知的障害教育の分野での生活中心教育の理論や実践をまとめた図書としては、次があります。

・小出進：講座生活中心教育の方法，学習研究社，1993．
・小出進監修：実践子ども主体の生活単元学習，学習研究社，1995．
・小出進監修：実践遊びの指導，学習研究社，1992．
・小出進監修：実践作業学習，学習研究社，1992．
・名古屋恒彦：知的障害教育方法史　生活中心教育戦後50年，大揚社，1996．
・小出進監修：生活中心教育の展開，大揚社，1998．

本書の執筆にあたって、特別養護老人ホーム等にかかる実態資料の収集には、植草学園短期大学助手、清宮宏臣先生の協力を得ました。

　第3章、第4章で掲載した、生活づくりの実際例の図は、千葉大学教育学部附属養護学校のご厚意により、同校の公開研究会指導案より抜粋させていただきました。ここに記し、感謝します。

　なお、本書に監修をいただいた千葉大学名誉教授小出進先生には、第1章、付章のご執筆もいただきました。第1章では「今を豊かに生きる」という生活中心教育が追究する思想・実践の方向を明示していただきました。この方向は、福祉の場においても、当然追究されるべき方向と考えます。付章では、よい「生活づくり」には、よい「人との関わり」が必須であることと、よい「人との関わり」のありようを、詳細に論じていただきました。今後の障害教育・福祉論の充実と発展に不可欠な論考を本書に寄せていただきました。

　最後に、本書刊行の機会を与えてくださいました大揚社の島崎さんに、心よりお礼を申し上げます。

　　2001年2月

　　　　　　　　　　　　　　　　　　　　　　　　　　名古屋　恒彦

執筆者

小出　進　　千葉大学名誉教授
　　　　　　　植草学園大学学長
名古屋恒彦　　岩手大学教授
髙倉誠一　　　植草学園短期大学准教授

障害教育福祉論
保育所・福祉関係施設編
今を豊かに生活する

発行日　2008年　9月　27日　2刷発行
　　　　　　　＜検印廃止＞
監修者　小　出　　進
編著者　名古屋　恒　彦
　　　　髙　倉　誠　一
発行者　島　崎　和　夫

発行元　株式会社　大　揚　社
　〒270-1108 千葉県我孫子市布佐平和台3－5－2
　☎ 0471－69－2341　FAX 0471－89－1154
発売元　株式会社　星　雲　社
　〒112-0012 東京都文京区大塚3－21－10
　☎ 03－3947－1021　FAX 03－3947－1617

知的障害教育方法史
生活中心教育・戦後50年
小出　進監修　名古屋恒彦著　定価（本体2000円＋税）送200円

生活中心教育の展開
小出　進監修
生活中心教育研究会編　定価（本体2800円＋税）送200円

子ども主体の特別支援教育をつくる
生活中心教育入門
名古屋恒彦著　定価（本体1600円＋税）送200円

東京の知能遅滞児教育史序説
（戦前編）
富岡達夫著　定価（本体3833円＋税）送200円

ノリさんの楽々レポート作成術
福祉系学生・職員のための論文レポート作成マニュアル
久田則夫著　定価（本体1800円＋税）送200円